하나님께 의뢰하고
세상을 이기는,
여러분 되시길 소망합니다.

___________________님께

___________________드림

절대 믿음

영혼 구원에 이르게 하는
믿음의 힘 16가지

절대 믿음

초판 1쇄 찍은 날 · 2007년 3월 19일 | 초판 1쇄 펴낸 날 · 2007년 3월 23일

지은이 · 정성진 | **펴낸이** · 김승태

편집장 · 김은주 | **편집** · 이덕희, 최선혜, 방현주 | **디자인** · 이훈혜, 정혜정, 이은희
영업 · 변미영, 장완철, 김성환 | **물류** · 조용환, 엄인휘 | **드림빌더스** · 고종원

등록번호 · 제2-1349호(1992. 3. 31.) | **펴낸 곳** · 예영커뮤니케이션
주소 · (110-616) 서울 광화문우체국 사서함 1661호 | **홈페이지** www.jeyoung.com
출판사업부 · T. (02)766-8931 F. (02)766-8934 e-mail: jeyoungedit@chol.com
출판유통사업부 · T. (02)766-7912 F. (02)766-8934 e-mail: jeyoung@chol.com
제작 예영 B&P · T. (02)2249-2506~7
인쇄 삼영 · T. (031)906-4380~1

copyright©2007, 정성진

ISBN 978-89-8350-425-8 (03230)

값 9,500원

절대 믿음

영혼 구원에 이르게 하는
믿음의 힘 16가지

정성진 지음

예영커뮤니케이션

개척 10년, 저는 기적과 같은 부흥을 경험했습니다. 인간적으로 설명할 방법이 없는 성장이었습니다. 이것은 오직 주님의 힘이었음을 고백합니다. 매일 나타나는 갈래길에서 돌아가지 않도록 하나님이 인도해 주셨습니다. 때로 돌아가면 더 큰 초장이 펼쳐져 있었습니다. 좋으신 하나님을 찬송합니다.

조엘 오스틴(Joel Osteen)의 『긍정의 힘』을 읽으면서 '세상에 긍정의 힘보다 더 큰 힘이 얼마든지 있지 않겠나?' 하고 생각한 것이 '나는 ○○의 힘을 믿는다' 시리즈로 설교를 하는 계기가 되었습니다. 설교를 하면서 성도들의 반응이 뜨거운 것을 느꼈고 나 자신도 힘이 솟구쳐 오르는 것을 경험하였습니다.

　21세기는 모든 것이 상대화되는 다원적인 세상입니다. 이런 시대를 사는 사람들의 모습 속에서 자기도 모르게 신앙이 상대화되어 가는 것을 보게 될 때 안타까움을 금할 수 없습니다. 아무리 세상이 변하여도 진리는 변할 수 없는 것 아니겠습니까? 상대적 믿음으로 어찌 자신이 구원에 이를 수 있으며, 다른 사람을 전도할 수 있겠습니까?

　이 책에는 현대를 살아가는 그리스도인들이 꼭 믿어야 할 영혼 구원에 이르게 하는 믿음의 힘 16가지를 제시하고 있습니다. 지금이야말로 '절대 믿음'이 필요한 때입니다. 바람에 흔들리지 않고 세속에 함몰되지 않으며 '오직 믿음', '오직 예수', '오직 성경'을 외쳐야 한다는 절박감으로 이 책을 출판하게 되었습니다.

　설교 준비는 늘 고통이었지만 말씀을 사모하는 성도님들은 제게 늘 힘이 되었습니다. 이 책을 읽고 흔들리던 마음이 견고해지고, 상대적인 믿음이 절대적 믿음으로 바뀌게 된다면 더할 나위 없는 큰 기쁨이 될 것입니다. 설교를 가다듬어 책으로 출판해 주신 예영커뮤니케이션의 김승태 집사님과 원성삼 집사님, 그리고 직원 여러분에게 감사를 드리며 10년 동안 기도로 동역한 아내 송점옥에게도 고마움을 표합니다.

　또한 부족한 목사의 설교를 들으며 '아멘'으로 힘을 북돋아 준 모든 성도님들에게 사랑을 바칩니다.

2007년 3월

大痴 丁聖鎭 牧師

정 성 진

제 1 부

하나님께 의뢰하는 믿음

1_ 나는 **말씀의 힘**을 믿는다

2_ 나는 **믿음의 힘**을 믿는다

3_ 나는 **겸손의 힘**을 믿는다

4_ 나는 **기도의 힘**을 믿는다

5_ 나는 **찬양의 힘**을 믿는다

나는 말씀의 힘을 믿는다

말씀은 하나님 능력의 원천이다 행 20:35

"주는 것이 받는 것보다 복이 있다."

(행 20:35하)

　　한 농부가 조그만 복숭아 과수원 농사를 지었습니다. 정성을 다해 거름을 주고 가지치기를 하고 자식을 돌보듯이 나무를 가꾸었더니 당도가 높고, 향이 좋고, 크고 맛있는 복숭아가 생산되었습니다. 그 복숭아가 맛있다는 소문이 나서 백화점과 미리 판매 계약을 맺어 모두 팔고 돈을 제법 많이 벌었습니다.

　다음 해에도 여기저기서 주문이 들어왔는데 물량이 한정되어 공급이 딸렸습니다. 몇 년이 지나자 나무가 노쇠해지면서 생산량이 감소하기 시작했습니다. 농부는 궁리 끝에 맞은편 큰 언덕을 구입해서 과수원을 넓히기 시작했습니다. 생각보다 돈이 많이 들어가서 은행에서 융자를 받았습니다.

　새 과수원이 다 조성되었습니다. 그러나 아직 복숭아를 생산하려면 3년은 기다려야 하는데, 이자를 갚아야 했기 때문에 자금 압박을 많이 받았습니다. 그런 속에서 봄마다 복사꽃이 화사하게 만발하여 아름다움의 극치를 보였습니다.

농부에게는 딸이 하나 있었는데 아름답고 명랑해서 동네 뭇 총각들의 선망의 대상이었습니다. 어느 날 농부의 딸이 방앗간 집 아들과 연애한다는 소문이 들려왔습니다. 농부가 유심히 딸을 살펴보았더니 딸의 볼에 홍조가 떠오르고 걸음이 예사롭지 않았습니다. 어느덧 귀여운 딸이 나이가 꽉 차서 시집을 보낼 때가 되었습니다. 얼마 후 딸이 정색을 하며 말했습니다.

"아빠! 드릴 말씀이 있어요. 저… 방앗간 집 삼돌이하고 결혼하기로 약속했어요. 시집 보내주세요."

농부는 은행 빚 때문에 혼수를 잘 해 줄 수 없다는 것이 걱정이 되었지만, 딸이 어렵게 꺼낸 말을 물리칠 수 없고, 시집보낼 때도 되었기 때문에 결혼을 승낙하고 빚을 내어 혼례를 올려주기로 했습니다. 농부는 복사꽃이 화사한 봄날, 목사님을 모시고 은혜롭게 결혼식을 치렀습니다. 참석한 하객들이 속삭였습니다.

"딸은 예쁜 도둑이라니까!"

이 소설 같은 이야기는 제가 얼마 전에 느낀 소감을 꾸며 본 것입니다.

2005년 4월 어느 날 우리 교회 수석 부목사였던 박한수 목사가 어렵게 입을 열었습니다.

"목사님! 성전 건축을 하느라 교회가 한창 어려울 때인 줄 알지만 교회 개척을 해 주시면 좋겠습니다."

"그래요? 그럼 어디에 교회를 개척하면 좋겠습니까?"

"일산에서 하면 좋겠습니다."

"그러면 자리를 잘 찾아보시오."

이렇게 대답하면서 생각을 해 보니 박 목사가 우리 교회에 부임해 온 지 만 5년이 지났습니다. 부목사가 한 교회에 5년 동안 있으면 몸살이 나기 시작합니다. 그리고 한 번 담임목회를 나가야겠다는 생각이 들면 아무리 새 성전을 아름답게 지어도 눈에 안 들어옵니다. 저도 그런 경험을 해 보았기 때문에 그 마음을 잘 압니다.

그런데 그 당시 고양시와 파주시의 땅값이 하늘 높은 줄 모르게 올랐고, 건물의 임대도 쉽지가 않았습니다. 박 목사가 교회 자리를 찾아다니다가 힘들어 기가 죽어 있는 것을 보니 안됐다는 생각이 들었습니다. 그런데 얼마 후부터 이상한 소문이 돌기 시작했습니다. 장로님들이 저에게 소문에 대해 이야기를 했습니다.

"목사님! 좋지 않은 소문이 들립니다. 목사님께서 박 목사님을 내쫓으려고 한답니다. 교회 앞에 해명하는 것이 좋을 것 같습니다."

저는 이렇게 답했습니다.

"그럴 필요가 없습니다. 그런 생각을 하고 동정하는 사람도 생겨야 따라가기도 하고, 교회 개척이 순조롭게 될 것이 아닙니까?"

그 후 당회에서 기쁨으로 개척을 해 주는 것으로 만장일치로 결정을 했고, 이어서 제직회에서도 예산안을 통과시켜 주었습니다.

우리 교회는 3년에 한 곳씩 교회를 개척하겠다고 선언한 적이 있습니다. 그래서 2000년에는 파주 주사랑교회(구 파주 광성교회)를 개척했고, 여러 가정이 개척에 동참해서 지금은 파주에서 가장 큰 교회가 되었습니다. 또 2003년에는 안산광성교회를 개척했습니다. 그리고

2005년 7월에 제자광성교회, 2007년 1월 21일에 큰빛광성교회를 개척하였으니 정말 감사한 일입니다.

왜 교회를 개척해야 합니까? 첫째로 교회를 세우는 것을 하나님이 기뻐하시기 때문입니다. 둘째로 말씀의 힘을 믿기 때문입니다. 셋째로 주는 자가 받는 자보다 복을 받기 때문입니다. 넷째로 경사가 있을 때 감사를 선행으로 표현하는 것이 도리이기 때문입니다.

주는 자가 받는 자보다 복되다고 하신 말씀을 마음에 새겨야 합니다. 말씀의 힘을 믿고, 말씀대로 살아 하나님을 기쁘게 하는 자녀가 됩시다.

범사에 모본을 보여야 한다

> 이미 있던 것이 후에 다시 있겠고, 이미 한 일을 후에 다시 할지라. 해 아래는 새 것이 없나니 무엇을 가리켜 이르기를, 보라 이것이 새 것이라 할 것이 있으랴. 우리 오래 전 세대에도 이미 있었느니라. (전 1:9-10)

패션이 발달하면서 옷을 입은 건지, 벗은 건지, 걸친 것인지 모를 옷들이 나오기도 하고, 화려하고, 섹시하고 아름다운 패션을 연출하기도 합니다. 그런데 패션 디자이너들이 어디에서 그런 아이디어를 얻습니까? 고대나 과거의 복장과 복식을 연구하며 영감을 얻어 변형을 시킨 것입니다. 실제로 많은 패션 디자이너들이 박물관을 찾아가서 연구를 합니다. 그래서 "해 아래 새로운 것이 없다."는 말이 진리입니다.

창조는 모방으로부터 시작됩니다. 새로운 것을 발견하고, 발명하고, 창안하는 것 모두가 하늘에서 뚝 떨어진 것이 아니라 무엇인가 선배들이 쌓아놓은 토대를 바탕으로 이룩하는 것입니다. 그래서 어린 아이들에게는 위인전을 읽게 합니다. 그들을 흠모하고, 모방하다가 마침내 위인들을 뛰어넘는 사람이 되라는 것입니다.

세상에서 성공한 사람들을 가리켜 '일가(一家)를 이루었다' 고 말합니다. 삼성그룹의 이건희 화장과 같은 사람을 말할 때 그런 말을 씁니다. 그러나 과연 삼성그룹이 이건희 회장 혼자서 이룬 것입니까? 그의 부친인 이병철 전 회장이 닦아 놓은 단단한 토대가 있었습니다.

> 범사에 너희에게 모본을 보였노니 (행 20:35상)

사도 바울은 설교할 때에만 천사의 말을 한 것이 아니라 먹을 때에도, 걸을 때에도, 생활 속에서도 모든 일에 성도들에게 모본을 보였다고 합니다. 모본(模本)은 '본보기가 되는 것'을 말합니다. 사도 바울은 물질 생활에서 모본을 보였습니다.

> 누가 자비량하고 병정을 다니겠느냐, 누가 포도를 심고 그 실과를 먹지 않겠느냐, 누가 양떼를 기르고 그 양떼의 젖을 먹지 않겠느냐 (고전 9:7)

그 다음에 권한을 남용하지 않았습니다.

> 그런즉 내 상이 무엇이냐 내가 복음을 전할 때에 값없이 전하고 복음으로 인하여 내게 있는 권을 다 쓰지 아니하는 이것이로라. (고전 9:18)

또 스스로 낮아져 섬겼습니다.

> 내가 모든 사람에게 자유하였으나 스스로 모든 사람에게 종이 된 것은 더 많은 사람을 얻고자 함이라. (고전 9:19)

그리고 교인과 교회를 자기 몸보다 더 사랑했습니다.

이 외의 일은 고사하고 오히려 날마다 내 속에 눌리는 일이 있으니 곧 모든 교회를 위하여 염려하는 것이라. 누가 약하면 내가 약하지 아니하며 누가 실족하게 되면 내가 애타하지 않더냐. (고후 11:28-29)

이렇게 사도 바울은 범사에 즉 모든 일에 모본이 되었습니다. 이것은 쉬운 일이 아닙니다. 물질이 있으면 쓰고 싶고, 일을 했으면 대가를 받기 원하는 것이 사람들의 공통된 마음이 아닙니까? 칼을 손에 들면 휘두르고 싶고, 완장을 차면 목에 힘이 들어가고, 호루라기를 입에 물면 불고 싶은 것이 사람의 마음입니다.

지도자가 되면 높임을 받고, 윗자리에 앉아 대접 받고 싶은 것이 누구나 갖고 있는 마음일 것입니다. 타인보다 자기가 소중하고, 교회보다 내 집을 우선 생각하는 것이 우리 모두의 공통된 마음일 것입니다. 그런데 사도 바울은 그것을 포기했습니다. 그래서 모든 사람들의 본보기가 된 것입니다.

내가 그리스도를 본받는 자 된 것 같이 너희는 나를 본받는 자 되라.
(고전 11:1)

이렇게 말할 수 있는 사도 바울은 진정으로 행복한 사람입니다.

"벌판을 지날 때라도 함부로 걷지 마라! 네 뒤에 오는 사람이 그 발자국을 따라 걷기 때문이다."
김구

우리는 자신만을 위해 사는 사람이 아닙니다. 위로는 하나님과 아래로는 형제들과 이웃이 있습니다. 날이 가고 달이 가고 어른이 될수록, 신앙의 경륜이 더해 갈수록 범사에 모본을 보일 수 있는 길을 걸어야 합니다.

약자 편에 서야 한다

선진국과 후진국을 나누는 기준을 대부분 경제력이라고 생각합니다. 보통 국민 소득이 이만 달러 이상이 되는 나라를 선진국이라 합니다. 그러나 기름을 팔아 부자로 사는 아랍 나라들에 대해서는 선진국이라고 하지 않습니다. 그 까닭은 선진국이라고 말하는 다른 기준이 있기 때문입니다. 그 기준은 바로 약자를 잘 보호하고 인권을 지켜 주느냐 하는 것입니다. 장애자, 노인, 어린이, 여성, 가난한 자 등 사회적 약자를 보호하고 인권을 존중하는 나라가 될 때 비로소 선진국이 되는 것입니다.

교회도 선진 교회가 되려면 교회 건물이 크고, 교인이 많은 것을 기준으로 대형 교회 또는 좋은 교회라고 말할 수 없을 것입니다. 약한 자를 돕고, 약한 자가 기를 펴고 주인 의식을 갖고 정착할 수 있는 교회가 하나님께서 원하시는 교회요, 우리들이 바라고 찾는 바로 그 교회라고 생각합니다.

곧 이같이 수고하여 약한 자를 돕고(행 20:35중)

사도 바울의 목회 사역은 약한 심령들을 장려하여 일으켜 세우고, 가난한 교회들을 위해 연보를 도와주었고, 약한 형제들을 도와 일으켜 세워 주는 약자 편에 서는 목회였습니다. 우리는 대개 하나님의 사랑이 공평하다고 믿습니다. 그러나 하나님도 편애를 하신다는 사실을 알아야 합니다.

> 고아와 과부를 위하여 신원하시며 나그네를 사랑하사 그에게 식물과 의복을 주시나니(신 10:18)

하나님은 고아와 과부, 그리고 나그네와 같은 사회적 약자를 편애하십니다.

> 그 거룩한 처소에 계신 하나님은 고아의 아버지시며 과부의 재판장이시라. (시 68:5)

그러므로 고아를 억울하게 하면 하나님을 억울하게 하는 것이요, 과부라고 함부로 대하고 깔보면 하나님이 손을 보십니다. 저는 이것을 '하나님의 편애'라고 이름 붙였습니다. 하나님의 편애는 기울어진 세상을 균형 잡기 위한 하나님의 균형 감각에서 비롯되는 것입니다.

옛날에 우리들이 놀이를 할 때 다방구, 비석 차기, 말뚝 박기, 말 타기와 같은 놀이를 했습니다. 그러면 시작하기 전에 반드시 편을 가릅니다. 놀이에 비상한 재주가 있는 친구들이 있게 마련입니다. 그런데 그 친구들이 한쪽에 쏠리게 되면 해보나마나 지게 되니까 상대편에서 시작도 하기 전에 안 한다고 판을 깨버리고 맙니다. 그래서 애초부터 '기울어도 편먹기'를 하기로 약속합니다. 그러나 기울게 편을 먹어 봐야 지고 맙니다.

이럴 때 놀이를 잘하는 친구가 나타나 약한 편을 들어주면 신이 나서 새롭게 판을 벌이게 됩니다. 하나님은 인생의 재미를 느끼지 못하고 절망하는 사람들의 편을 들어주셔서 그들이 다시 한 번 재기하고 인생을 역전승하기를 원하십니다.

지금 당신은 고아와 같이 외로우십니까? 하나님이 당신의 아버지가 되어 주십니다. 지금 당신의 사정이 과부와 같이 의지할 데가 없습니까? 코너에 몰리고 있습니까? 억울함을 당했습니까? 하소연할 데가 없습니까? 하나님께 호소하십시오. 재판장되시는 하나님께서 당신을 도와주시고 오른손을 들어 승리를 선언해 주실 것입니다. 나그네 같이 곤고하고 물질적으로 시련을 겪고 있습니까? 야곱의 나그네 길을 지켜주셔서 마침내 거부로 만드신 하나님께서 당신을 눈동자 같이 지키시고 마침내 거부가 되게 해 주실 것을 믿으십시오.

예전에 노무현 대통령의 형인 노건평 씨의 아들이 지방에서 결혼식을 올렸는데, 노 대통령은 가고 싶어도 갈 수가 없었지만 많은 사람들이 알아서 예식장을 찾아가 축의금을 냈습니다. 노 대통령에게 잘 보이려고 그랬을 것입니다.

마찬가지입니다. 하나님께 잘 보이려면 하나님이 안 보이시지만 하나님이 사랑하는 약자 편에 서야 합니다. 약자를 도우십시오. 약자에게 사랑을 나누십시오. 그러면 어느새 여러분이 하나님의 편에 서 있다는 것을 깨닫게 될 것입니다. 그것이 복 중의 복입니다.

> 여호와는 나의 빛이요, 나의 구원이시니 내가 누구를 두려워하리요, 여호와는 내 생명의 능력이시니 내가 누구를 무서워하리요. (시 27:1)

하나님이 내 편이 되심을 믿게 될 때 아무도 두렵지 않습니다. 담대해집니다. 사람이 언제나 강자로만 살 수 없습니다. 병들면 약자가 됩니다. 실패하면 약자가 됩니다. 원치 않아도 때로는 약자가 됩니다. 이런 때를 위해 미리 보험에 들어야 합니다. 보험에 드는 방법은 약자를 돕고 그들의 편이 되어 위로하는 것입니다.

내가 건강하고, 부요하고, 자유롭다고 맘대로 말하고 행동을 거침없이 할 때, 약한 형제자매는 상처를 받을 수 있습니다. 그래서 사도 바울은 이렇게 말했습니다.

그런즉 너희 자유함이 약한 자들에게 거치는 것이 되지 않도록 조심하라. (고전 8:9)

언제나 나보다 약한 형제를 배려하는 따뜻한 사랑으로 물댄 동산과 같은 행복한 공동체를 만들어 나가야 합니다.

약한 자들에게는 내가 약한 자와 같이 된 것은 약한 자들을 얻고자 함이요, 여러 사람에게 내가 여러 모양이 된 것은 아무쪼록 몇몇 사람들을 구원코자 함이니 (고전 9:22)

약한 자의 편에 설 때, 약자에게 복음이 효과적으로 전달될 뿐만 아니라 주변에 선한 의지를 가진 수많은 사람이 마음을 열고, 교회로 발걸음을 옮기게 된다는 전도자의 말입니다.

우리는 약한 편에 서는 교회, 약한 편에 서는 성도가 되어야 합니다. 그리하여 하나님의 평형감각을 이 땅에 실천하는 정의의 사도들이 되어야 합니다.

주는 것이 가장 큰 복이다

국내뿐 아니라 세계에서 가장 큰 사회복지기관의 하나가 '꽃동네'입니다. 꽃동네의 시작은 음성 무극성당 신부로 부임한 오웅진 신부가 할아버지 거지 한 분을 만난 데서부터 시작되었습니다. 무극성당 앞에 큰 내가 있고, 다리가 있었는데 어떤 할아버지 거지가 큰 다리 밑으로 가기에 오신부가 따라가 보았습니다. 할아버지 거지는 동냥해 온 밥과 음식을 병든 거지들에게 나누어 주고 있었습니다. 오 신부는 속으로 생각했습니다.

'거지도 거지를 살리는구나!'

그래서 그 할아버지에게서 감동을 받아 거지들을 모아 섬기기 시작한 것이 꽃동네의 시초가 된 것입니다. 꽃동네 입구에 이런 글귀가 큰 비석에 새겨져 있습니다.

"얻어먹을 힘만 있어도 하나님의 은총입니다."　　　　　김귀동 할아버지

그 거지 할아버지가 당시에 남긴 말입니다. 얻어먹을 힘만 있어도 얻어먹으러 다닐 수 없는 거지들을 도왔던 한 할아버지의 선한 행실이 큰 결실을 맺은 것입니다.

> 또 주 예수의 친히 말씀하신 바 주는 것이 받는 것보다 복이 있다 하심을 기억하여야 할지니라. (행 20:35하)

이 말씀은 예수님이 하신 말씀인데 복음서에는 없습니다. 그래서 어떤 사람들은 마태가 산상에서 예수님이 하신 말씀을 받아 적었는데 쓴 종이 한 장이 바람에 날아가서 잃어버려 팔복을 기록했는데 원래는 위의 본문에 기록된 "주는 것이 받는 것보다 복이 있다."는 말씀까지 구복(九福)이었다고 말합니다. 그래서 위의 본문의 별명을 '구복', 즉 '아홉 번째 복'이라고 말합니다. 꼭 기억해야 할 말씀이 바로

구복입니다.

　주식을 하는 사람들은 주식이 유망하다는 것을 알면 있는 돈, 없는 돈을 모두 끌어다가 투자합니다. 돈을 벌기 위해 그렇습니다. 어느 지역이 개발될 것이라는 소문이 나면, 수많은 사람들이 벌떼같이 몰려들어 땅을 삽니다. 그러나 그때는 이미 투기꾼들이 사놓은 땅을 비싸게 삽니다. 전문가들은 이미 싸게 사 놓았던 땅을 비싸게 팔고, 더 깊은 개발 가능성이 있는 곳으로 이동한 뒤입니다. 전문가들은 언제 어디에서 땅을 사야 돈을 버는지 환히 알고 있습니다.

　성경은 우리에게 돈보다 훨씬 크고, 포괄적인 복을 받는 비결을 공개적으로 가르쳐 주고 있습니다. "주는 것이 받는 것보다 복이 있다."는 말씀을 많은 사람들이 믿지 못합니다. 세상 법칙과 다르기 때문입니다.

> 하나님은 인생이 아니시니 식언치 않으시고 인자가 아니시니 후회가 없으시도다. 어찌 그 말씀하신 바를 행치 않으시며 하신 말씀을 실행치 않으시랴. (민 23:19)

　하나님은 사기꾼이 아닙니다. 하나님의 생각은 단수가 높습니다. 워낙 단수가 높기 때문에 우리가 모를 뿐입니다. 그러므로 믿고 따라가면 됩니다.

> 여호와의 말씀에 내 생각은 너희 생각과 다르며, 내 길은 너희 길과 달라서 하늘이 땅보다 높음 같이 내 길은 너희 길보다 높으며 내 생각은 너희 생각보다 높으니라. (사 55:8-9)

　하나님의 생각, 하나님의 길이 성경에 제시되어 있으면 그 길이 좁고 협착하여 걷는 사람이 적어도 따라가면 수지가 맞는 길입니다. 형통한 길입니다.

　대기업 회장으로 유명한 최 장로는 교회도 많이 후원하고, 자선도 많이 했습니다. 그런데 그만 경기가 변동하고 정치가 격변하는데 줄을 잘못 서고, 경영을 잘못해서 큰 기업이 부도가 나고 다른 사람의 손에 넘어가고 말았습니다. 쫄딱 망했습니다. 끝내 회복하지 못하고 돌아가셨습니다.
　또 한 분도 대기업 회장인 김 장로인데, 이분은 "기업이 우선이지 교회를 짓고 자선을 많이 하다가 최 장로처럼 망하면 하나님의 영광을 가린다."라면서 남을 돕고 교회를 돕는 일을 하지 않고 기업을 잘 지키다가 아들에게 물려주고 돌아가셨습니다.
　두 분이 천국에서 만났습니다. 김 장로가 천국에 가 보니 최 장로가 아름답고 찬란한 빌라에서 살고 있었습니다. 그런데 자기에게 준 집을 보니 초라하기 그지없었습니다. 그래서 천사에게 물었습니다.
　"아니 세상에서 쫄딱 망한 최 장로는 고급맨션에서 살고 나는 이게 뭡니까?"
　그랬더니 천사가 말했습니다.
　"마태복음 6장 20절!"

오직 너희를 위하여 보물을 하늘에 쌓아 두라. 거기는 좀이나 동록이 해하지 못하며, 도적이 구멍을 뚫지도 못하고 도적질도 못하느니라.

(마 6:20)

　세상에 쌓아 놓은 재물이 자기 것이 아니라 하나님을 위해 교회에 헌금하고, 가난한 형제를 구제한 것이 바로 천국에 보물을 쌓아두는 것이라는 것을 그제야 깨달았습니다. 성경 말씀이 다 이해되고 다 해석되기는 천국에 가봐야 알 수 있을 것입니다. 그러므로 믿음 가지고 말씀 그대로 믿으시기 바랍니다.

> 주라, 그리하면 너희에게 줄 것이니 곧 후히 되어 누르고 흔들어 넘치도록 하여 너희에게 안겨 주리라. 너희의 헤아리는 그 헤아림으로 너희도 헤아림을 도로 받을 것이니라. (눅 6:38)

주는 것이 가장 큰 복이 된다는 말씀입니다.
"누르고 흔들어 안겨 주리라."
세속적인 말로 따따블로 받게 된다는 말입니다.

하나님의 말씀을 가감하지 말고 그대로 믿어야 합니다. 주는 자가 받는 자보다 복이 있습니다. 우리는 항상 약한 자의 편에 서야 합니다. 또한 범사에 모범적인 삶을 살아야 합니다. 아무리 어렵고 힘들어도 이렇게 살면 이 땅에서도 복을 받고, 천국에서도 영생의 복을 받게 될 것입니다. 말씀의 힘을 믿고, 그대로 살아가는 그리스도인이 됩시다.

나는 믿음의 힘을 믿는다

믿음은 하나님의 은혜의 선물이다 마 9:27-31

"주님! 그렇습니다. 저희를 고쳐 주시리라 조금도 의심 없이 확신합니다.

주님께는 능력이 있습니다. 저희는 믿고 신뢰합니다."

'믿음'이라는 말은 '믿는 마음'의 준말입니다. 믿음을 한자로는 '신앙'(信仰, faith)이라 하는데, '종교상의 교의를 믿고 받드는 것'을 말합니다. 신학적으로 신앙에 대해 정의를 내려 보면 간단하지가 않습니다.

* 신앙은 신의 계시에 대한 인간의 응답이다.
* 신앙은 신앙의 대상인 하나님을 신뢰하고 그의 계시를 진리로 받아들이며 미래를 위해 그를 전적으로 의뢰하는 것이다.
* 신앙은 하나님의 은혜의 선물이다.
* 신앙은 구원의 필수 조건이다.
* 신앙은 모든 신앙인들의 삶의 근거이다.
* 구약 성경은 하나님의 말씀, 즉 약속에 전 존재를 걸고 신뢰하는

하나님께 의뢰하는 믿음

것이다. 하나님을 의지하고 그에게 소망을 두며 그에게로 피하는
것이다.
 * 신약 성경은 예수님을 성육신하신 하나님의 아들로 믿는 그 믿음
   으로 구원 받을 것을 믿는 것이다.

성경에는 우리들이 주의해야 할 바르지 못한 신앙에 대해서 지적하
고 있습니다.

    지식적 신앙 : 듣고 행치 않는 신앙(마 7:26)
    이적적 신앙 : 기적을 보고 믿는 신앙(요 2:23-24)
    일시적 신앙 : 환난 때 넘어지는 신앙(마 13:20-21)

사도 바울은 예수님을 그리스도로 믿는 것은 인간의 행위로 이루
어지는 것이 아니라 그 자체가 하나님의 은혜임을 강조했습니다. 히
브리 기자와 베드로 사도는 박해 중에 소망과 인내심을 가져다 주는
역할을 신앙의 힘이라고 말했습니다. 신앙에 관해서 꼭 알고 넘어가
야 할 것이 한 가지 있습니다. 신앙고백의 기준이 되는 성경 말씀입
니다.

시몬 베드로가 대답하여 가로되 주는 그리스도시요 살아계신 하나님의
아들이시니이다. (마 16:16)

이 말씀의 요체는 두 가지입니다. 하나는 예수님이 그리스도, 즉 히
브리말로 메시아, 해석하면 '기름 부음을 받은 자, 구세주' 라는 뜻이
고, 또 하나는 '예수님이 하나님의 아들'이라는 것입니다. 그러므로

기독교인이 된다는 것은 교회에 다니는 것만으로 되는 것이 아니라 예수님이 세상을 죄에서 구하는 구원자이신 구세주이신 것과 하나님의 아들이심을 믿는 것입니다. 이러한 믿음을 가졌다는 것이 별것 아닌 것 같은데 큰 차이가 나게 됩니다. 사람은 어떤 생각을 가졌는가에 따라 말도, 생각도, 행동도 달라집니다.

조선 영조 때 함경도 병마절도사와 경기도 수군절도사를 지낸 구수훈(具樹勳)이 지은 『이순록』(二旬錄)에 보면 저자가 충북 화양동 계곡 연장암에서 그곳 늙은 승려와 대화를 나눈 기록이 있습니다.

"대사는 이 같은 산중에 살면서 세정에 대해 알고 있는가?"

"여기에 거처한 지가 삼십 여년이 되었는데, 산수가 절승하여 유람 오는 손을 많이 겪어서 자연히 사색당파를 알게 됩니다."

"사색당파를 대사가 어찌 알아서 구별하는가?"

"그 모양과 행동을 보면 쉽게 알 수 있습니다. 처음 동구에 들어올 때 산천을 두루 돌아보면서 '좋다 좋다' 하고 동안에 들어와서는 반드시 암자에 중을 부르고 송시열 선생의 서원을 지날 때에는 눈을 부릅뜨고 손을 휘저으며 기침을 하고 침 뱉기를 함부로 하고 중국 명나라 황제 위를 모신 만동묘 앞을 지날 때 공경하고 근신하는 뜻이 없는 자는 남인이요, 동에 들어올 때 산수를 자세히 보지 않고 서원과 만동묘 앞에 이르러서는 반드시 바쁘게 지나가고 암자에 이르러서는 반드시 중의 허물이 있는 것을 자세히 살펴 잔소리를 하며 성가시게 구는 것은 소론이요, 동에 들어와서 산수만을 보고 서원과 만동묘를 지날 때에 존경하는 뜻은 없으나 또한 거만한 태도도 짓지 않고 바쁘게 지나가는 자는 소북이요, 동에 들어올 때 좌우로 산천을 돌아보며 혹

냇가에 앉거나 바위에 기대었다가 서원에 이르러서는 조심스럽게 뜰에서 절하고 자세히 서적을 보며 감탄하기를 마지아니하고 만동묘에 이르러서는 처마만 쳐다봐도 깊은 감회에 젖고 몸을 굽혀 뜰을 지나 암자에 이르러서는 중들의 생활을 자세히 묻고 밤에는 늙은 중을 불러 담화하면서 산중의 고적을 묻는 자는 노론입니다."

송시열 선생이 노론의 태두였다는 것을 알면 사색당파의 행동이 각기 다른 이유를 알게 될 것입니다. 이와 같이 사람들은 가지고 있는 사상에 따라 완전히 행동이 달라집니다. 그렇다고 한다면 믿음이 사람을 바꿔 놓는다는 것은 너무나 당연한 이야기입니다. 참된 믿음은 인생을 완전히 바꾸어 놓습니다.

믿음의 대상

사람은 사랑하는 것을 닮게 마련입니다. 꽃을 좋아하는 사람은 향기가 나고, 돈을 좋아하는 사람은 돈독이 오르고, 술을 좋아하는 사람은 주독이 오르게 마련입니다. 부처를 믿는 사람들은 부처를 닮고, 공자를 따르는 사람들은 공자를 닮습니다. 예수님을 믿는 사람들은 당연히 예수님을 닮게 마련입니다.

그런데 문제는 예수님을 누구로 생각하고 믿느냐 하는 것입니다. 예수님을 4대 성인의 한 사람으로 믿는 사람들은 십자가와 부활에 관심이 없고, 산상수훈에 나타난 주옥같은 말씀에만 관심을 기울입니다.

예수님을 혁명 사상을 가지고 로마 정권에 대항하다가 실패한 혁명 가로, 또는 해방운동가로 생각하는 사람들은 예수님께서 낮고 천한 민중들과 함께 나누고 그들에게 가르쳤던 교훈에 심취합니다.

> 인자가 온 것은 섬김을 받으려 함이 아니라 도리어 섬기려 하고 자기 목숨을 많은 사람의 대속물로 주려 함이니라. (막 10:45)

그러나 예수님을 하나님의 아들이요 세상을 죄에서 구원한 구세주로 믿는 사람들은 그의 십자가와 부활에 주목합니다. 이렇게 같은 예수님을 놓고도 믿음의 관점이 완전히 달라지게 됩니다. 그러므로 믿음의 대상을 어떻게 인식하고 있는가 하는 것이 대단히 중요합니다.

> 예수께서 거기서 떠나가실 새 두 소경이 따라오며 소리 질러 가로되 다윗의 자손이여 우리를 불쌍히 여기소서 하더니(마 9:27)

여기에 두 소경이 등장합니다. 두 소경이 예수님을 따라오며 "우리를 불쌍히 여기소서!"라며 외치는 것을 보니, "눈을 고쳐서 보게 해 주십시오!"라는 뜻입니다. 그런데 그들은 왜 예수님을 "다윗의 자손이여!"라고 불렀습니까? 이 말에는 두 소경의 놀라운 믿음이 담겨 있습니다.

구속사에서 메시아의 개념이 정립되는 과정에 다윗의 언약이 중대한 영향을 끼칩니다. 사무엘하 7장 5-16절을 보면 하나님께서 다윗과 맺은 언약에 대해 적혀 있습니다. 하나님께서 다윗을 영원히 버리지 아니하시며 그 자손이 나라의 왕위를 이을 것이고, 한 아기가 나서 다윗의 위에 앉아 공평과 정의로 세상을 심판하실 것에 대한 하나님의 약속입니다.

이 다윗 언약의 내용은 이스라엘 포로기와 그 후 예수 당시에 이르기까지 메시아 대망 사상의 핵심이 되었습니다. 즉 이스라엘의 메시아는 다윗 가문의 출생이어야 하며 다윗의 왕권을 회복할 능력이 있는 자이어야만 했습니다. 따라서 다윗의 자손은 메시아를 지칭하는 말로 고착되었습니다.

당시 유대와 사마리아 지역은 헤롯이 통치하고 있었는데 그는 이두매 출신으로 로마에 의하여 분봉 왕으로 임명된 자였습니다. 이두매 출신이라는 말은 이스라엘과 뿌리 깊은 갈등 관계에 있는 에서의 후손인 에돔 족속이라는 말입니다. 이런 헤롯의 통치 기간 동안 이스라엘은 이방인 왕에 의해 다스림을 받는다는 사실을 민족적 수치로 생각하고 있었습니다.

이런 배경 아래 두 소경이 '다윗의 자손'이라고 외친 것은 신앙고백적 외침이었던 것임을 알 수 있습니다. 이들은 비록 육신의 눈이 멀었지만 영의 눈이 열려 있었습니다. 믿음의 대상을 바로 보고 찾은 것입니다.

팔레스틴 지방에는 극심한 모래 바람과 석회석의 먼지로 인해 소경과 안질환자가 흔하게 있었습니다. 본문에 나타난 두 소경은 육신의 눈은 병들어 멀었지만 눈으로 보지 못한 더 좋은 증거, 곧 예수께서 소경의 눈을 밝게 하고, 귀머거리의 귀를 열며, 벙어리의 혀로 노래하게 하시며, 죄인들을 죄에서 해방시키실 메시아이심을 보았던 것입니다.

> 그 때에 소경의 눈이 밝을 것이며, 귀머거리의 귀가 열릴 것이며, 그 때에 저는 자는 사슴같이 뛸 것이며, 벙어리의 혀는 노래하리니 이는 광야에서 물이 솟겠고 사막에서 시내가 흐를 것임이라. (사 35:5-6)

예수님의 소식을 들은 두 소경의 마음에 믿음이 자라나기 시작했습니다.

"하나님이 우리를 고쳐 주실 거야. 우리에게도 더 나은 미래에 대한 소망이 있다."

희망을 품고 외치기 시작했습니다.

"다윗의 자손 예수여! 우리를 불쌍히 여기시고 고쳐 주십시오."

육의 눈을 가진 사람들이 목수 요셉의 아들로 예수님을 보고 있을 때, 영의 눈을 가진 그들은 예수님을 하나님의 아들로, 인생의 모든 문제를 해결할 해결자로 보고 외친 것입니다.

> 그러므로 믿음은 들음에서 나며 들음은 그리스도의 말씀으로 말미암았느니라. (롬 10:17)

이들은 듣기만 하고도 확실한 믿음의 대상을 발견한 것입니다. 당신은 확실한 믿음의 대상을 찾았습니까? 그분은 누구십니까? 예수님을 다윗의 자손으로 고백하십니까? 다시 말해 예수님을 그리스도 메시아로 고백하십니까? 믿음의 대상이 분명해야 합니다. 그렇지 않으면 결정적일 때 흔들리고 변할 수 있습니다.

세월이 흘러도, 어떤 역경이 있어도 믿음의 대상은 오직 예수 그리스도이심을 고백해야 합니다.

> 믿음의 주요 또 온전케 하시는 이인 예수를 바라보자. (히 12:2상)

믿음의 주요, 온전케 하시는 예수님, 그분만이 나의 주, 나의 하나님임을 고백해야 합니다.

믿음의 확인

사람의 생각은 삶에 대한 막대한 영향력을 발휘합니다.

몸집이 크고 힘이 센 닉이라는 사람이 철도청 조차장에 근무하고 있었습니다. 객차와 화차를 연결하기도 하고 분리하기도 하는 일이 그의 임무였습니다. 그는 항상 정시에 출근하고 믿을 만하며 열심히 일하는 모범적인 직장인이었습니다.

어느 여름 날 저녁, 한 직원의 생일을 축하하기 위해 퇴근 시간을 한 시간 앞당기고 직원들이 파티장으로 갔습니다. 닉은 보수를 위해 들어온 냉동 창고 열차 안에 들어갔다가 문이 밖에서 잠겨버리고 말았습니다. 이 냉동 열차는 비어 있었고, 다른 열차와 연결되어 있지 않았습니다. 자신이 냉동 열차에 갇혔다는 사실을 깨달은 순간 닉은 공포에 사로잡혔습니다. 팔과 주먹에 피멍이 들 정도로 문을 두드리고 소리를 질렀습니다. 그러나 동료들은 이미 모두 퇴근하고 없었습니다.

그러다가 자신이 냉동 열차 안에 있다는 사실을 기억했습니다.

'영하 30도! 도대체 어떻게 하지? 여기서 못 나가면 얼어 죽고 말거야. 이 추운 곳에서 밤새 견딜 수 없어.'

생각하면 생각할수록 추워졌습니다. 그러다가 자신의 상황을 기록해야겠다는 생각이 들었습니다. 펜을 꺼내 낡은 마분지 한 장에 긴박한 상황을 적어내려 갔습니다.

"너무 춥다. 몸이 마비된다. 빨리 나가지 않으면 아마 이것이 내 마지막 글이 될 것이다."

다음 날 아침, 출근한 동료들이 냉동 열차의 문을 열었을 때 닉은 구석에 쪼그린 채 죽어있었습니다. 부검 결과 동사였습니다. 그런데 경찰에서 조사해 본 결과 닉이 갇혀 있던 냉동 열차는 전기가 켜 있지 않았기 때문에 냉동이 되지 않았습니다. 보통 실내 온도보다 조금 낮 았을 뿐입니다. 닉은 냉동되고 있다는 생각 때문에 추위를 느끼고 몸 이 얼어 죽고 만 것입니다. 현실은 현실이 아니라 믿음의 반영입니다.

할 수 없는 일과 부족한 면만 바라보기로 선택하는 것은 실패를 선 택하는 것입니다. 적과 공모하여 성문을 열어 주는 행동과도 같습니 다. 파괴적인 생각과 말, 행동, 태도를 삶의 주인으로 끌어들이는 것 은 사탄을 주인으로 모시는 것과 같은 일입니다. 어떤 생각, 어떤 믿 음을 가졌느냐에 따라 인생이 완전히 달라집니다.

로버트 오그번(Robert Ogburn) 주한 미국 대사관 대변인은 미국 인이지만 얼굴은 한국인입니다. 어려서 미국에 입양된 우창제라는 사람으로 온갖 역경을 극복하고 미국에서 인정받는 외교관이 되었습 니다.

또한 2005년 6월 22일에 일본에서 한 기업인이 150억 원을 들여 만 명을 초대하는 세계 최대의 파티를 열었습니다. 그런데 그분은 한 국인입니다. 열네 살 때 일본에 밀항해 들어간 소년이 60년 만에 일 본 24위의 부자가 되었고, 매출액도 1조 원을 돌파하여 기념파티를 열었던 것입니다. 그의 이름은 '한창우' 입니다.

삶의 태도에 따라 냉동되지 않은 창고에서 얼어 죽을 수도 있고, 극 한 어려움을 헤치고 입지전적 인물로 출세할 수도 있습니다. 우리가 확실한 믿음을 갖는다면 큰일을 할 수 있을 것입니다.

가라사대 너희 믿음이 적은 연고니라. 진실로 너희에게 이르노니 너희가
만일 믿음이 한 겨자씨만큼만 있으면 이 산을 명하여 여기서 저기로 옮기
라 하여도 옮길 것이요, 또 너희가 못할 것이 없으리라. (마 17:20)

겨자씨는 씨앗 중에 가장 작은 씨앗입니다. 겨자씨를 볼 때 먼지인
지 씨앗인지 구분이 안 갈 정도입니다. 그런데 겨자씨가 자라면 3m
정도까지 자라 큰 나무가 되고 그곳에 새들이 깃들 정도로 자랍니다.
그래서 예수님께서 겨자씨를 비유로 말씀하신 것입니다.

예수께서 집에 들어가시매 소경들이 나아오거늘 예수께서 이르시되 내가
능히 이 일을 할 줄을 믿느냐 대답하되 주여 그러하오이다 하니 (마 9:28)

큰 소리로 외치며 따라온 그들에게 예수님께서 대꾸도 하지 않고
집으로 들어가자 그들이 따라 들어왔습니다. 그때 예수님께서 질문
하셨습니다.

"내가 능히 이 일을 할 줄 믿느냐?"

예수님은 그들이 원하는 것을 아셨으나 그들에게 진정한 믿음이 있
는지 확인하고자 하셨습니다. 두 소경은 거침없이 답을 했습니다.

"주님! 그렇습니다. 저희를 고쳐 주시리라 조금도 의심 없이 확신합
니다. 주님께는 능력이 있습니다. 저희는 믿고 신뢰합니다."

모든 이적, 특히 치유의 이적이 있기 전에 예수님께서는 언제나 이
처럼 믿음을 요구하시고 확인하셨습니다. 이것은 믿음이 이적의 원
인이요, 결과라는 것을 보여 주시는 것입니다. 두 소경은 진정으로 예
수님을 하나님의 아들로 믿었을 뿐만 아니라 예수님의 인격과 능력
과 권세를 믿었습니다.

생명 주께 있네 능력 주께 있네

소망 주께 있네 주 안에 있네

생명 주께 있네 능력 주께 있네

소망 주께 있네 주 안에 있네

생명 다해 주 찬양하리

힘을 다해 주 찬양하리

내 생명 다해 내 힘을 다해

모든 소망 주님께

("생명 주께 있네", 다니엘 가드너 곡)

당신은 예수님의 능력을 믿습니까? 사랑을 믿습니까? 그의 구세주 되심을 믿습니까? 하나님의 아들이심을 믿습니까?

> 너희가 믿음에 있는가. 너희 자신을 시험하고 너희 자신을 확증하라. 예수 그리스도께서 너희 안에 계신 줄을 너희가 스스로 알지 못하느냐. 그렇지 않으면 너희가 버리운 자니라. (고후 13:5)

우리는 수시로 믿음을 점검해 보아야 합니다. 예수님이 하나님의 아들이요, 나의 구주이심을 믿어야 합니다. 그의 능력과 사랑과 권세를 믿어야 합니다. 믿음을 확증하고, 변치 않는 반석과 같은 믿음을 가져야 합니다.

믿음의 결과

포도 넝쿨을 보고 포도 열매가 맛이 좋을지는 알 수가 없습니다. 포도 열매를 먹어 봐야 맛을 알 수 있습니다. 믿음도 이와 같아서 좋은 지 아닌지는 결과를 보아야 알 수 있습니다.

믿음은 허상이 아니고 실상입니다. 다시 말해 믿음은 반드시 열매 가 열리게 되어 있습니다. 믿음은 보지 못하는 것이 아니라 증거가 나타나게 되어 있습니다. 그러므로 열매를 보아 믿음을 알 수 있게 됩니다.

믿음은 반드시 결과물을 내놓게 됩니다. 세상 사람들은 "눈에 보이 는 대로 믿어야지 무슨 소리냐?"라고 말합니다. 하지만 하나님은 정 반대로 말씀하셨습니다.

"믿는 대로 보인다."

믿음의 눈으로 보면 전혀 새로운 것이 보이며, 그것은 현실 세계에 서 그대로 이루어집니다. 믿음은 하나님의 눈을 갖고, 하나님의 생각 으로 생각하며, 하나님의 길로 걷는 것입니다.

하나님의 눈으로 보고, 하나님의 생각으로 생각하고, 하나님의 길 로 보면 불가능이 가능해지고 풀지 못할 문제가 풀어집니다.

> 예수께서 이르시되 할 수 있거든이 무슨 말이냐, 믿는 자에게는 능치 못
> 할 일이 없느니라 하시니(막 9:23)

> 내게 능력 주시는 자 안에서 내가 모든 것을 할 수 있느니라. (빌 4:13)

이것이 믿음의 힘이요, 믿음의 능력입니다. 두 소경의 믿음은 그들의 눈을 여는 계기가 되었습니다.

> 이에 예수께서 저희 눈을 만지시며 가라사대 너희 믿음대로 되라 하신
> 대 그 눈들이 밝아진지라. 예수께서 엄히 경계하시되 삼가 아무에게도
> 알게 하지 말라 하셨으나 저희가 나가서 예수의 소문을 그 온 땅에 전파
> 하니라. (마 9:29-31)

예수님은 사랑의 손으로 저들의 눈을 만져 주셨습니다. 어머니의 사랑의 손도 약손이 되는데 하물며 하나님의 사랑의 손이 어찌 사람을 고치지 못하겠습니까?

두 소경은 하나님이 자신들을 위해 특별한 일을 행하시리라 믿었고 그 믿음대로 받았습니다. 그 즉시 눈이 밝아졌습니다. 상황을 바꾼 것은 두 소경의 믿음이었습니다. 믿음만 있으면 얼마든지 장애물을 극복하고 날마다 더 큰 승리를 맛볼 수 있습니다. 모든 것은 믿음의 결과물입니다. 두 소경은 믿음대로 고침을 받았습니다. 남이 나를 대신해 기도해 주고, 말씀을 읽어줄 수는 있어도 믿음을 발휘해 줄 수는 없습니다. 그러므로 스스로 믿음의 사람이 되겠다는 결단이 필요합니다. 다른 사람의 뛰어난 믿음이 나의 믿음을 키우기 위한 자극제는 될 수 있지만 인생의 기적을 일으키는 원동력은 남의 믿음이 아닌 자신의 믿음입니다.

'너희 믿음대로 되라.'

얼마나 복된 말씀입니까? 당신은 과연 어떤 믿음을 가지고 있습니까? 큰 믿음입니까? 아름다운 믿음입니까? 고상한 믿음입니까? 그렇다면 인생의 장애물을 뛰어넘고, 건강과 풍요로움과 승리를 쟁취하게 될 것입니다.

생후 28개월 때 자동차 추돌 사고로 중화상을 입어 50여 차례의 수술을 받고 ET 같이 된 조엘 소넨버그라는 청년이 2005년 초에 우리나라를 방문했었습니다. 그때 그가 이런 간증을 했습니다.

"나는 하나님을 믿습니다. 객관적으로 나는 죽을 목숨이었습니다. 하지만 하나님께서 분명한 목적이 있어서 나를 살리셨다고 확신합니다. 이 믿음이 종종 암담하게 느껴지던 내 삶에 빛을 비추었습니다. 내가 몇 차례의 이사와 지독한 따돌림 속에서 극단적인 신체적 정신적 장벽들을 극복할 수 있었던 이유는 바로 하나님이 항상 나와 함께하시며 그분은 사람의 외모를 보지 않고 중심을 보신다는 것을 믿었기 때문입니다."

믿음을 가진 인간이 극복하지 못할 시련은 없습니다. 조엘은 고등학교 축구 선수팀 주장까지 지냈고, 손가락 없이도 산악 자전거를 즐기고, 수영, 스쿠버다이빙, 수상 스키, 파도타기, 탁구, 농구, 당구 등의 기술도 익혔습니다.

하나님을 믿고 소망을 가진 자에게 고통보다 갑절의 복을 주십니다. 하나님은 우리 인생의 후반부가 전반부보다 낫기를 바라십니다. 하나님의 능력은 끝이 없습니다. 하나님은 피곤을 모르시고 중도에 일을 포기하지 않으십니다. 그러므로 믿음을 가지면 하나님의 능력을 받기 됩니다.

야곱아, 네가 어찌하여 말하며 이스라엘아 네가 어찌하여 이르기를 내 사정은 여호와께 숨겨졌으며 원통한 것은 내 하나님에게서 수리하심을 받지 못한다 하느냐 너는 알지 못하였느냐, 듣지 못하였느냐, 영원하신 하나님 여호와, 땅 끝까지 창조하신 자는 피곤치 아니하시며 곤비치 아니하시며 명철이 한이 없으시며 피곤한 자에게는 능력을 주시며 무능한 자에게는 힘을 더하시나니 소년이라도 피곤하며 곤비하며 장정이라도 넘어지며 자빠지되 오직 여호와를 앙망하는 자는 새 힘을 얻으리니 독수리의 날개 치며 올라갈 같을 것이요, 달음박질하여도 곤비치 아니하겠고 걸어가도 피곤치 아니하리로다. (사 40:27-31)

절망감이 밀려오고 희망의 끈을 놓고 싶은 유혹이 몰려와도 마음을 단단히 먹고 우리 안에 역사하시는 주를 바라보십시오.

너희 속에 착한 일을 시작하신 이가 그리스도 예수의 날까지 이루실 줄을 우리가 확신하노라. (빌 1:6)

합리적으로 생각하고, 이성적으로 판단하고, 수리적으로 계산할 때 불가능한 일일지라도 믿음의 눈으로 바라보고, 믿음을 가지고, 발걸음을 옮길 때 내 곁에 하나님이 함께 하시는 것을 보게 될 것입니다.

모든 것이 믿음대로 됩니다. 하나님을 자신의 좁은 마음에 가두어 제한하지 말아야 합니다. 자신의 능력을 보지 말고 하나님의 능력을 바라보아야 합니다. 무릇 사람이 할 수 없는 것을 하나님은 하실 수 있습니다.(막 10:27) 믿고 바라보십시오. 장차 하나님께서 이루어 주실 일을 기대하십시오. 역경을 극복하고 역전승의 주인공이 되어야 합니다. 물질의 막힌 통로를 뚫고 축복의 통로가 되어야 합니다.

내 이름으로 무엇이든지 내게 구하면 내가 시행하리라. (요 14:14)

　　믿음으로 하나님께 구하십시오. 우리 주님께서 이루어 주시겠다고 약속하셨습니다. 믿는 자의 소원을 이루어 주시되 믿음의 크기만큼 주시는 하나님이심을 알았습니다. 크고, 아름답고, 고상한 믿음을 가지십시오. 그 믿음의 열매가 주렁주렁 맺혀서 육신의 질병이 고침을 받고, 영혼의 자유를 누리며, 큰 믿음의 능력을 행하게 되어야 합니다.

나는 겸손의 힘을 믿는다

겸손은 낮아짐을 통한 강한 섬김이다 **왕상 3:4-15**

"세상의 어떤 악인일지라도 하나님께서 나에게 주신 은혜를 받는다면 모두 다 성자가 될 것일세."

아시시의 성 프란체스코

저는 지금까지 개척 목회를 하면서 스스로 경계하기 위해 강대상에 나무 팻말 양쪽에 글을 새겨 놓았습니다. 설교할 때는 '어린아이 같이 뛰놀라', 회의할 때는 '부드러운 혀는 뼈를 꺾느니라'는 팻말을 올려놓습니다.

이스라엘이 하나님 임재의 상징인 법궤를 블레셋에 빼앗겼다가 돌아오는 날, 다윗은 왕의 체면 따위는 아랑곳하지 않고 법궤 앞에서 덩실덩실 춤을 추었습니다. 다윗이 얼마나 열정적으로 춤을 추었는지 나중에는 겉옷이 들리면서 속옷까지 보였다고 합니다. 그것을 왕궁 발코니에서 내려다보던 왕비가 왕의 체통을 지켜야지 백성들 앞에서 속옷이 보일 정도로 춤을 추었다고 비난을 했습니다. 그런데 하나님께서는 비난한 미갈을 저주하셔서 태의 문을 닫아버리셨고 다윗의 행동을 크게 기뻐하셨습니다.

이것을 생각하면서 강단에 설 때마다 '내가 교인들 앞에 서는 것만 생각하고 폼을 잡고 점잔빼고 교만하지 않으리라. 다윗이 하나님 앞에서 춤을 추었듯이 나도 하나님 앞에서 어린아이와 같이 재롱을 피우면서 말씀을 전하리라.' 하고 생각을 했습니다.

가끔 제 설교가 재미있다는 이야기를 듣습니다. 저는 본래 농담도 할 줄 모르고, 일 중심의 사람으로 기억하고 있는 유머는 한 가지도 없을 정도로 재미없는 사람입니다. 그런 저의 설교가 재미있다는 이야기를 들을 때, 그것이 전적으로 '어린아이와 같이 뛰어놀겠다.' 라고 다짐한 덕분이라 생각합니다.

또 저는 회의할 때마다 "부드러운 혀는 뼈를 꺾느니라."(잠 25:15)는 말씀을 되새깁니다. 저는 본래 언사가 거친 사람입니다. 말에서 독화살이 튀어나가고 사람들에게 상처를 많이 주었습니다. 거기다가 투사가 되리라는 젊은 시절이 있었기 때문에 투쟁적입니다. 그래서 회의하다 의견이 다르면 공격하게 되고 상처받고 쓰러지는 경우가 있었습니다. 그래서 굳게 굳게 다짐했던 것입니다. 그 노력을 가상히 여기신 하나님께서 조금 부드럽게 하셨습니다.

이제 새 성전에 입당하면서 팻말을 새롭게 쓰기로 작정하고 무슨 말을 쓰면 좋을까 기도하던 중에 새 경구를 정했습니다.

'겸손, 또 겸손, 그리고 겸손'

어거스틴의 제자가 스승에게 물었습니다.
"선생님, 기독교 최고의 덕목이 무엇입니까?"
"겸손입니다."

"두 번째 덕목이 무엇입니까?"

"겸손입니다."

"그러면 세 번째 덕목은 무엇입니까?"

"역시 겸손입니다."

우리 그리스도인들에게 있어서 가져야 할 성품의 처음과 나중이 바로 겸손입니다. 우리들은 모두 예수님을 닮아가기를 소원합니다. 예수님의 대표적인 성품이 바로 겸손입니다.

나는 마음이 온유하고 겸손하니 나의 멍에를 메고 내게 배우라. 그러면 너희 마음이 쉼을 얻으리니. (마 11:29)

청빈, 겸손, 헌신의 수도공동체를 세운 이탈리아 아시시의 성 프란체스코(St. Francesco)의 제자가 꿈을 꾸었습니다. 꿈에 천국에 간 제자가 하나님을 뵈옵고 세상에서 누가 가장 겸손한가를 물었습니다. 하나님께서는 "프란체스코"라고 답을 하셨습니다. 꿈에서 깬 제자가 스승에게 말했습니다.

"세상 사람들이 선생님을 세상에서 가장 겸손하다고 말하고 하나님께서도 그렇게 말씀하셨습니다."

그러자 프란체스코가 고개를 흔들며 말했습니다.

"그건 당치도 않은 말이네. 나는 교만하고 악한 사람이야."

그 말에 성질 급한 제자가 화가 났습니다.

"선생님! 너무 내숭 떨지 마십시오. 하나님도 제게 그렇게 말씀하셨습니다."

그러자 프란체스코가 이렇게 대답했습니다.

“그건 하나님께서 내게 큰 은혜를 주셨기 때문이지. 세상의 어떤 악인일지라도 하나님께서 나에게 주신 은혜를 받는다면 모두 다 성자가 될 것일세.”

프란체스코는 진정으로 하나님의 은혜로 변화된 자신을 아는 겸손한 성자였습니다. 겸손은 축복의 통로입니다. 겸손은 예수님의 마음입니다. 겸손하면 성자가 됩니다.

큰 일을 당하면 하나님께 도움을 청하라

우리나라의 영토가 가장 넓었을 때는 역사상 고구려 19대 왕인 광개토대왕 시절입니다. 그는 22년간 재위하면서 영락대왕이라 불리웠고, 사후에 영토를 크게 넓혔다는 뜻으로 ‘광개토대왕’이라 불리게 되었습니다.

이스라엘 역사상 가장 큰 왕국을 건설한 때가 다윗 왕 때였습니다. 다윗은 불세출의 영웅이었습니다. 세계 역사상 가장 큰 290cm의 거인 골리앗을 물리친 용맹한 사나이요, 사울 왕의 미움을 사서 10년 망명 생활을 견뎌낸 의지의 사나이요, 방어 전쟁과 정복 전쟁에 한 차례도 패하지 않고 승리한 백전백승의 전사이자 전략가입니다. 아름다운 수많은 시를 남긴 대 시인이요, 수금을 타면 사울 왕을 혼미케 했던 악신을 물러가게 했던 명연주가였습니다. 그런가 하면 주변의 모든 나라들에게 조공을 받으면서 국내적으로 안정된 왕국을 이루어낸 정치가였습니다. 또한 하나님의 마음에 합한 사람이라는 칭찬을 들은 경건한 신앙인이었습니다.

이런 다윗 왕의 뒤를 이어 왕이 된 솔로몬에게 큰 부담이 있었을 것입니다. 더러운 방을 청소하기는 쉬워도 깨끗한 방을 유지하기는 어려운 것처럼 다윗이 닦아 놓은 왕국을 유지하기가 결코 쉽지 않았습니다.

솔로몬이 왕이 되어 처음 한 일이 일천 번제를 드린 일이었습니다. 일천 번제란 1,000번의 제사를 드리는 것이 아니라 천 마리의 양을 잡아 드린 제사입니다. 천 마리의 양을 잡아 드리는데 일주일이 걸렸으리라고 학자들은 추측합니다. 이와 같이 많은 제물을 드렸다는 기록은 다른 곳에서는 찾아볼 수 없습니다. 솔로몬은 대단한 열정을 가지고 하나님께 제사를 드린 것입니다.

솔로몬이 하나님께 열정적으로 제사를 드린 것은 전적인 하나님의 도우심이 필요한 것을 알았기 때문입니다. 자기의 능력만 가지고 왕국을 통치하고 주변 국가들과의 외교와 전쟁을 감당할 수 없음을 알았기 때문입니다. 그래서 전적으로 하나님의 도우심을 구한 것입니다. 진정한 겸손은 하나님의 도우심이 없이는 한 치 앞도 볼 수 없으며, 한 발자욱도 나아갈 수 없음을 알고 하나님의 도우심을 구하는 것입니다.

사람들은 대부분 겸손한 사람이라고 하면 인사 잘 하고, 친절하고, 머리를 잘 숙이는 것으로 인식합니다. 이것은 세상 사람들이 인식하는 겸손입니다. 진정한 겸손은 "하나님의 도우심이 필요합니다."라고 하나님 앞에 무릎을 꿇는 것이요, 솔로몬같이 일천 번제를 드리는 것입니다.

유다의 3대 왕 아사 때에 구스 왕 세라가 100만의 군대와 병거 삼백승을 끌고 유다 왕국을 공격했습니다. 마레사의 스바다 골짜기를 사이에 두고 진을 친 아사 왕이 하나님께 기도를 드렸습니다.

> 그 하나님 여호와께 부르짖어 가로되 여호와여, 강한 자와 약한 자 사이에는 주밖에 도와줄 이가 없사오니 우리 여호와여 우리를 도우소서. 우리가 주를 의지하오며, 주의 이름을 위탁하옵고 이 많은 무리를 치러 왔나이다. 여호와여 주는 우리 하나님이시오니 원컨대 사람으로 주를 이기지 못하게 하옵소서 하였더니(대하 14:11)

얼마나 간절한 기도입니까? 세상의 도움이 끊어질 때 우리의 도움이 천지를 지으신 여호와께로서 옴을 그는 믿고 기도드린 것입니다.

> 내가 산을 향하여 눈을 들리라. 나의 도움이 어디서 올꼬 나의 도움이 천지를 지으신 여호와에게서로다. (시 121:1-2)

사람들은 어려운 일을 겪으면 부모, 형제, 일가친척, 동창 순으로 찾아다니며 도움을 청하고 조언을 구합니다. 그러나 신앙인들은 먼저 하나님의 도우심을 구합니다. 하나님의 도우심이 완벽함을 알기 때문입니다. 겸손은 어려움이 있을 때 하나님 앞에 무릎을 꿇고 도움을 요청하는 것입니다.

> 그러므로 우리가 담대히 가로되 주는 나를 돕는 자시니 내가 무서워 아니하겠노라. 사람이 내게 어찌하리요 하노라. (히 13:6)

하나님이 도와주시면 세상의 권세자도 어쩔 수 없습니다. 하나님이 도와주시면 사탄도 물리칠 수 있습니다. 큰 일을 당할 때 자신의 경험과 지식에 의지하지 말고 하나님의 도우심을 간구하는 겸손한 믿음을 가져야 합니다.

모든 것이 하나님의 은혜이다

하나님의 은혜를 일찍 깨닫고 주의 뜻에 자신을 복종할 수 있다면 얼마나 좋겠습니까? 대부분 젊어서는 자신이 잘난 줄 알고 자기 뜻대로 삽니다. 그러다가 "모든 것이 주의 은혜입니다."라고 말하게 될 때면 어느덧 인생의 중반을 훌쩍 넘어선 때가 되고 맙니다. "철들자 망령"이라는 말이 맞습니다. 그때서야 후회해 보아야 지나간 세월을 돌이킬 수 없는 것입니다.

지나온 모든 세월들 돌아보아도
어느 것 하나 주의 손길 안 미친 것 전혀 없네
오! 신실하신 주~ 오! 신실하신 주~
내 너를 떠나지도 않으리라 내 너를 버리지도 않으리라
약속하셨던 주님 그 약속을 지키사
이후로도 영원토록 지키시리라 약속하네

("오 신실하신 주" 2절, 최용덕 복음성가)

솔로몬은 왕이 된 것이 자신이 잘나서 된 것이 아니라 전적으로 하나님의 은혜라는 것을 알았습니다.

솔로몬의 아버지 다윗은 정말 성실과 공의와 정직한 마음으로 주의 앞에서 살아간 사람입니다. 그러나 그에게는 여러 부인과 그들에게 나온 수많은 아들들이 있었습니다. 일반적으로 솔로몬은 지혜가 출중한 사람이고 다윗의 아들이니 당연히 왕위에 올랐다고 생각합니다. 그러나 성경을 자세히 읽어보면 솔로몬은 도저히 왕이 될 가능성이 전혀 없는 사람이었습니다. 다윗에게는 여러 명의 왕비가 있었습니다. 솔로몬은 자그마한 다윗의 열 번째 아들입니다. 도저히 기라성 같은 이복형들을 물리치고 왕위에 오를 수 없었습니다.

또한 아도니아라는 왕자가 다윗이 늙어 병들었을 때 반란을 일으켰습니다. 요압 장군과 대제사장 아비나달이 아도니아 쪽으로 넘어가고 말았습니다. 솔로몬은 절대 절명의 위기를 맞이했습니다. 이때 나단 선지자와 어머니 밧세바가 나서서 병상에 누워 있는 다윗 왕의 칙령을 받아내어 솔로몬을 왕으로 세웠습니다. 사독을 대제사장으로 세우고 브나야를 대장으로 세워 적을 제거하고 왕위에 오르게 된 것입니다. 솔로몬은 이복형들이 열 명이나 있었고, 왕자의 난을 겪어야 했습니다. 그래서 솔로몬은 왕이 될 것이 된 것이 아니라 하나님의 은혜로 된 것을 스스로 알고 있었습니다.

사도 바울의 위대한 신앙 고백입니다. 자신이 복음의 사도가 되어 아시아와 유럽에 복음을 전하고, 교회를 세우고, 기독교를 세계적인 종교로 만드는 일을 하기 위해 무진 애를 쓰고 핍박받고 고생한 것은 모두 하나님의 크신 은혜를 갚기 위한 것이라는 고백입니다.

"나의 나 된 것은 하나님의 은혜로라."

이 얼마나 위대한 신앙 고백입니까? 이 고백이 우리 모두의 고백이 되어야 할 것입니다. 자신을 돌이켜 보십시오. 오늘의 내가 있기까지 얼마나 큰 하나님의 사랑과 기다리심과 자비가 있었던가? 그것이 아니었다면 벌써 쓰러지고 멸망 받았을 내가 아니었습니까?

그 크신 하나님의 사랑 말로 다 형용 못하네
저 높고 높은 별을 넘어 이 낮고 낮은 땅 위에
죄 범한 영혼 구하려 그 아들 보내사
화목제로 삼으시고 죄 용서하셨네

괴로운 시절 지나가고 땅위의 영화 쇠할 때
주 믿지 않던 영혼들은 큰 소리 외쳐 울어도
주 믿는 성도들에게 큰 사랑 베푸사
우리의 죄 사했으니 그 은혜 잊을까

하늘을 두루마리 삼고 바다를 먹물 삼아도
한없는 주의 사랑 말로 다 할 수 없겠네
하나님의 크신 사랑 그 어찌 다 쓸까
저 하늘 높이 쌓아도 채우지 못하리

＊하나님 크신 사랑은 측량 다 못하며

영원히 변치 않는 사랑 성도여 찬양하세

(찬송가 404장, "그 크신 하나님의 사랑", F. M. 리만)

"모든 것이 하나님의 은혜입니다." 이 깨달음을 가슴에 꼭 새기고 살아야 합니다. 교회 건축을 할 수 있는 것도 하나님의 은혜입니다. 가정이 평안한 것도 하나님의 은혜입니다. 몸이 건강한 것도 하나님의 은혜입니다. 자녀들이 잘 되는 것도 하나님의 은혜입니다. 모든 것이 다 하나님의 은혜입니다. 그렇게 고백하는 겸손한 믿음을 가져야 합니다. 누가복음 17장에 보면 제자들이 "우리에게 믿음을 더하소서."라고 하며 예수님에게 간청하자 예수님께서는 이해할 수 없는 말씀을 하십니다.

> 너희 중에 뉘게 밭을 갈거나 양을 치거나 하는 종이 있어 밭에서 돌아오면 저더러 곧 와 앉아서 먹으라 할 자가 있느냐. 도리어 저더러 내 먹을 것을 예비하고 띠를 띠고 나의 먹고 마시는 동안에 수종들고 너는 후에 먹고 마시라 하지 않겠느냐 명한대로 하였다고 종에게 사례하겠느냐. 이와 같이 너희도 명령 받은 것을 다 행한 후에 이르기를 우리는 무익한 종이라. 우리의 하여야 할 일을 한 것뿐이라 할지니라. (눅 17:7-10)

이 말씀을 곰곰이 묵상하는 가운데 얻은 결론은 우리는 모두 무익한 사람이었습니다. 죄 가운데 빠져 있었고 영혼이 죽었던 존재입니다. 하나님께서 죄와 사망 가운데서 건져 주시고 자녀로 삼아 주셨습니다. 이것을 깨달은 사람은 언제나 은혜를 기억하며 종의 자세를 유지하고 살아야 함을 일깨워 주는 말씀입니다.

"명한대로 하였다고 종에게 사례하겠느냐? 우리는 무익한 종이라.

우리의 할 일을 한 것뿐이라.”

겸손은 칭찬도, 영광도, 상급도, 명예도 다 버리는 것입니다.

“다만 할 일을 한 것뿐입니다. 하나님의 은혜의 만분의 일도 못 갚았습니다.”

이런 고백을 할 수 있는 종이 되어야 합니다. 이것이 진정 겸손한 자의 모습입니다.

> 그러나 더욱 큰 은혜를 주시나니 그러므로 일렀으되 하나님이 교만한 자를 물리치시고 겸손한 자에게 은혜를 주신다 하였느니라. (약 4:6)

우리는 모두 겸손하여 더욱 큰 은혜를 받아야 합니다. 할 일을 다 한 후에도 “모든 것이 하나님의 은혜입니다.”라고 고백하는 솔로몬과 다윗 같은 겸손한 믿음을 가져야 합니다.

우리의 부족함을 구할 때마다 채워 주시는 하나님

세상에는 “부족함이 없다.”라고 말하는 부족한 사람과 “나는 부족한 사람입니다.”라고 말하는 부족함이 없는 사람이 있습니다. 요한계시록 3장에 보면 라오디게아교회 사람들은 부족함이 없다고 말하는 사람들이었습니다. 그에 대한 주님의 말씀입니다.

> 네가 말하기를 나는 부자라. 부요하여 부족한 것이 없다 하나 네 곤고한 것과 가련한 것과 가난한 것과 눈 먼 것과 벌거벗은 것을 알지 못하도다. (계 3:17)

당시 라오디게아 지방에는 양모 공업이 발달했습니다. 라오디게아에서 생산되었던 검은 양털은 고가로 수출되었습니다. 그들은 돈을 벌었고, 좋은 옷을 입고, 좋은 음식을 즐겨 먹었습니다. 또 라오디게아 지방은 물이 좋지 않아 안질이 많았던 관계로 좋은 안약이 개발되어 다른 지역에까지 수출되는 유명 상품이 되어 돈을 많이 벌었습니다. 그러나 주님의 불꽃같은 눈으로 볼 때 그들은 벌거벗고 눈이 멀었던 것입니다. 신앙의 눈은 남의 눈 속에 있는 티를 보는 것이 아니라 자신의 눈 속에 있는 들보를 보는 것입니다. 소크라테스도 "너 자신을 알라."고 하지 않았습니까? 자기 자신을 아는 것이 중요합니다. 자기 자신을 아는 것이 진정한 겸손입니다.

하루는 부자 청년이 예수님을 찾아왔습니다. 부자이지만 영적인 문제에 깊은 관심을 가진 괜찮은 청년이었습니다. 청년은 예수님께 질문을 했습니다.

"선한 선생님이시여! 제가 무엇을 하여야 영생을 얻겠습니까?"

"네가 계명을 아는 대로 지켰느냐?"

"네! 어려서부터 다 지켜왔습니다."

"네게 한 가지 부족한 것이 있다. 네가 가진 것을 모두 팔아서 가난한 사람들에게 나누어 주라. 그리하면 하늘에서 보화가 네게 있으리라. 그러고 나서 나를 따르라."

이 말씀을 들은 부자 청년은 슬픈 기색을 띠고 근심하여 돌아갔습니다. 이 부자 청년은 자신에게 부족한 것이 바로 물질의 문제임을 몰랐습니다. 그는 하나님보다 물질을 더 사랑하고 있는 자신을 몰랐던 것입니다.

나에게 있어 2% 부족한 것이 무엇인가를 생각해 보십시오. 그것을 발견하고 그 걸림돌을 제거해야 주께로 더 가까이 갈 수 있습니다. 믿음이 자랄 수 있습니다. 돈이 문제입니까? 명예의 문제입니까? 학문의 문제입니까? 정욕의 문제입니까? 게으름의 문제입니까? 식욕의 문제입니까? 수면욕의 문제입니까?

"주님! 저는 부족합니다. 아니 다 부족합니다. 2%만 부족한 것이 아니라 98%가 부족합니다."라고 고백할 때 하나님께서 은혜로 채워 주실 것입니다.

> 나의 하나님 여호와여 주께서 종으로 종의 아비 다윗을 대신하여 왕이 되게 하셨사오나 종은 작은 아이라 출입할 줄을 알지 못하고(왕상 3:7)

위대한 선지자와 사도 같은 주의 종들이 소명 받는 장면을 보면 아주 감동적입니다.

> 모세가 여호와께 고하되 주여 나는 본래 말에 능하지 못한 자라. 주께서 주의 종에게 명하신 후에도 그러하니 나는 입이 뻣뻣하고 혀가 둔한 자니이다. (출 4:10)

모세가 하나님의 부름을 받을 때 자신의 부족을 말하고 있는 말씀입니다. 그때 하나님께서 말씀합니다.

> "여호와께서 그에게 이르시되 누가 사람의 입을 지었느뇨. 누가 벙어리나 귀머거리나 눈 밝은 자나 소경이 되게 하였느뇨. 나 여호와가 아니뇨. 이제 가라. 내가 네 입과 함께 있어서 할 말을 가르치리라."(출 4:11-12)

이사야 선지자가 소명을 받았을 때 고백합니다.

그때에 내가 말하되 화로다. 나여 망하게 되었도다. 나는 입술이 부정한 사람이요, 입술이 부정한 백성 중에 거하면서 만군의 여호와이신 왕을 뵈었음이로다. (사 6:5)

예레미야 선지자가 소명을 받았을 때의 고백입니다.

내가 가로되 슬프소도이다. 주 여호와여 보소서. 나는 아이라 말할 줄을 알지 못하나이다. (렘 1:6)

자신의 연약함과 연소함을 걱정하며 "나는 부족합니다." 라고 고백하는 예레미야에게 하나님은 말씀하십니다.

여호와께서 내게 이르시되 너는 아이라 하지 말고 내가 너를 누구에게 보내든지 너는 가며 내가 네게 무엇을 명하든지 너는 말할지니라. 너는 그들을 인하여 두려워 말라. 내가 너와 함께하여 너를 구원하리라. 나 여호와의 말이니라 하시니(렘 1:7-8)

우리가 보기에는 뛰어난 사도 바울도 자신에 대해 "만삭되지 못하여 난 자"(고전 15:8), "죄인 중에 괴수"(딤전 1:15)라고 고백하였습니다.

이렇게 자신의 부족함을 알았던 사람들에게 하나님께서는 폭포수와 같은 은혜를 내려 주셨습니다. 하나님은 무능한 자에게 힘을 더하시는 분이십니다.

그러나 하나님께서 세상의 미련한 것들을 택하사 지혜 있는 자들을 부끄럽게 하려 하시고 세상의 약한 것들을 택하사 강한 것들을 부끄럽게 하려 하시며 하나님께서 세상의 천한 것들과 멸시 받는 것들과 없는 것들을 택하사 있는 것들을 폐하려 하시나니 이는 아무 육체라도 하나님 앞에서 자랑하지 못하게 하려 하심이라. (고전 1:27-29)

하나님은 자신을 뽐내고 자랑하는 것을 싫어하시고 겸손한 자를 좋아하십니다.

(잠 3:34)

대학에서 수학을 전공하고 있는 한 학생이 졸업을 앞두고 이곳저곳을 여행하다가 어느 시골 마을 정자에서 쉬게 되었습니다. 그곳에서 단아한 노인 한 분을 만나 이야기하다가 수학과를 마치고 선생이 될 것임을 말하게 되었습니다. 노인이 청년에게 물었습니다.

"수학을 어느 정도 공부했습니까?"

청년은 기세당당하게 대답했습니다.

"수학을 정복했습니다."

이번에는 청년이 노인에게 물었습니다.

"수학에 대해 좀 아십니까?"

"나는 평생 수학에 매달렸는데 겨우 이해하기 시작했습니다."

계속 대화를 나누던 중 청년은 그 노인의 수학 실력이 비범한 것을 깨달았습니다. 청년이 노인에게 물었습니다.

"선생님 성함이 어떻게 되십니까?"

"내 이름은 알프레드 화이트헤드입니다."

청년은 일어나서 노인에게 큰 절을 했습니다.

알프레드 화이트헤드(Alfred North Whitehead)는 『수학의 원리』를 비롯하여 수학을 바탕으로 철학, 논리학, 교육학, 사회학에 관련된 40여 권의 저술을 하였으며, 이와 같은 학문의 공로를 인정받아 1950년에 노벨문학상을 받은 분입니다.

벼는 익을수록 머리를 숙이고 사람들은 나이가 들수록 자신의 부족과 한계를 깨닫고 고개를 숙입니다. 그런데 논의 피는 가을이 되어도 하늘 높은 줄 모르고 머리를 쳐듭니다. 그러면 농부는 사정없이 뽑아 불사르고 맙니다.

> 아무 일에든지 다툼이나 허영으로 하지 말고 오직 겸손한 마음으로 각각 자기보다 남을 낫게 여기고 각각 자기 일을 돌아볼 뿐더러 또한 각각 다른 사람들의 일을 돌아보아 나의 기쁨을 충만케 하라. (빌 2:3-4)

겸손은 인사를 잘하는 것입니다. 겸손은 친절한 것입니다. 겸손은 미소입니다. 겸손은 말을 공손하게 하는 것입니다. 여기까지는 세상 사람들도 다 아는 겸손입니다. 하나님이 기뻐하시고 인정하는 겸손은 하나님의 도우심이 필요합니다. 모든 것이 은혜입니다. "나는 부족합니다."라고 말할 수 있는 믿음입니다. 겸손은 존귀의 앞잡이요, 교만은 멸망의 앞잡이입니다. 교만하면 욕이 오고, 겸손하면 명예가 옵니다. 우리 모두 겸손의 힘을 믿고 더욱 겸손한 인격자들이 됩시다.

나는 기도의 힘을 믿는다

기도는 하나님과 동행하는 영혼의 호흡이다 막 9:14-29

오늘은 참으로 감회가 깊은 날입니다. 경기도 고양시 일산구 일산 4동 1140번지 밤가시마을에서 교회를 개척한 지 새 성전을 건축하고 이사 가기 전에 마지막으로 드리는 예배입니다. 일산광성교회를 개척한 해에 찾아온 IMF 사태로 국가 전체가 환난을 당해 흔들릴 때에도 하나님께서는 우리 교회를 부흥하게 하시면서 지켜 주셨습니다. 교회 부흥과 함께 교육관 매입, 주차장 매입, 선교관 매입 등 계속해서 공간 부족을 타개해 나가던 중에 일산 신도시 안에서는 도저히 공간 확보가 불가능하다는 판단 아래 2002년 7월 28일에 건축위원회를 구성하고 새로운 성전 부지를 물색할 것을 결의하였고, 2002년 9월 16일에 덕이동 새 성전 부지를 구입하여 2002년 10월 27일에 설계를 착수하여 2003년 12월 7일에 착공 예배를 드리게 되었습니다.

하나님께 의뢰하는 믿음

드디어 공사 20개월 만인 2005년 8월 7일에 입당 예배를 드리게 되었습니다. 하나님께서 건축 중에도 계속 부흥의 불길을 타오르게 축복하셔서 지금까지 한 주도 빠지지 않고 7,700명이 등록하셨습니다. 하나님의 넘치는 축복에 감사하여 3년마다 교회를 개척하기로 하고, 파주 주 사랑교회(구 파주광성교회), 안산광성교회, 제자광성교회, 큰빛광성교회를 개척했습니다.

그동안 중국에 두 가정, 필리핀에 세 가정 등 모두 다섯 가정을 선교사로 파송하였습니다. 중국에 교회를 두 곳에 건축했고, 중국 처소교회 지도자 500명에게 신학교육을 지원하여 졸업시켰습니다. 그 외에 사회 선교에 힘쓴 결과로 광성작은도서관은 한국기독교출판협회로부터 2002년 모범교회도서관으로 선정되어 상을 받았습니다. 4대 일간지에 사회를 섬기는 우리 교회가 소개되기도 했고, KBS2-TV를 통해 뉴스 시간에 소개되기도 했습니다. 그뿐 아니라 기독교 신문, 잡지에 수없이 교회가 소개되기도 했습니다.

우리 교회는 묵묵히 봉사를 했을 뿐인데 매스컴이 교회 홍보를 해주는 바람에 돈 한 푼 들이지 않고 전국에 소문이 나게 되었습니다. 이 모든 일의 뒤에는 성도님들의 끊임없는 기도가 있었음을 고백하지 않을 수 없습니다.

저는 다른 목사님들과는 다르게 다양한 일을 해 본 경험이 있습니다. 그렇기 때문에 경험과 자신의 판단을 앞세워 일을 처리하는 일 중심의 사람입니다. 이러한 저를 영의 사람으로, 기도의 사람으로 만들기 위해 하나님께서는 개척하기 전에 기도원 원장으로 보내셔서 그곳에서 개척을 준비하게 하셨습니다. 그 기간이 저의 목회에 큰 전환점이 되었습니다.

"기도보다 앞서지 않고 기도 없이 일하지 않는다."

기도원 생활을 통해 저는 이런 결심을 하게 되었고, 개척과 동시에 새벽 기도에 힘쓰게 되었습니다. 처음 새벽 기도회에는 등록한 교인보다 서울로 교회를 다니시는 분들이 더 많았습니다. 비록 다른 교회 교인일지라도 우리 교회에서 기도하면 그 기도가 어디로 가겠습니까? 그래서 그분들을 배려하느라고 금요 심야 기도회를 마치고 12시에 집에 들어갔다가도 토요일 새벽 기도회를 쉬지 않고 했습니다. 순전히 손님 교인들을 위한 것이었습니다. 그분들이 우리 교회를 선전하는 전도 대원이 된 것은 두말할 것도 없습니다. 자녀들을 등록시킨 분들도 있고, 서울에 있는 자신의 교회 곁으로 이사 가면서 건축 헌금을 1,000만 원이나 하신 분도 있습니다.

우리 교회는 언제나 기도를 뜨겁게 했습니다. 순복음교회 교인들은 대부분 다른 교단에서 잘 적응을 하지 못하는데, 우리 교회가 순복음교회보다 더 뜨겁게 기도했더니 순복음교회인줄 알고 등록한 분도 있었습니다. 그리고 기도의 은사를 받은 분들이 마음껏 기도하도록 방언으로 기도하는 것을 장려했습니다.

저는 장위중앙교회에서 고등부 때 신앙생활을 했습니다. 고등부를 졸업할 때, 청년부에서 환영의 선물로 책 한 권을 받았습니다. 중세 시대의 독일의 신비주의 사상가 토마스 아 켐피스(Thomas a Kempis)의 『그리스도를 본받아』라는 책입니다. 이 책은 아우구스티누스(Augustinus)의 『참회록』, 존 번연(John Bunyan)의 『천로역정』과 함께 기독교 최고의 입문서로 꼽히는 책입니다. 그 책의 속표지에 청년부 선배들이 영어로 예레미야 33장 3절 말씀을 적어 주었습니다.

"Call to me and I will answer you and tell you great and unsearchable things you do not know."

"너는 내게 부르짖으라. 내가 네게 응답하겠고, 네가 알지 못하는 크고 비밀한 일을 네게 보이리라."

그때부터 그 말씀을 가슴에 깊이 새기며 '부르짖는 기도의 용사' 가 되리라고 다짐했습니다. 많은 사람들이 우리 교회에 대해 사회봉사를 잘하는 교회, 문화 강좌를 잘하는 교회, 개혁적인 교회라고 말합니다. 이것은 참으로 귀한 소문입니다.

그러나 저는 우리 교회가 기도가 뜨거운 교회, 중보기도의 용사들의 중보기도가 끊이지 않는 교회, 새벽마다 부르짖는 기도로 민족을 깨우는 교회, 금요 심야 기도회에서 피워 올리는 기도의 향연을 하나님께서 가장 향기롭게 받으시고 칭찬하시는 교회가 되길 원합니다. 그래서 새 성전에 가면 새 건물을 자랑하는 것이 아니라 지하와 옥상 곳곳에 기도하는 용사들을 보라고 자랑할 수 있는 교회가 되길 원합니다.

우리 모두 기도의 힘을 믿어야 합니다. 기도의 영이 우리에게 임하게 되길 기도해야 합니다. 그래서 사람의 지혜로 운영되는 교회가 아니라 하나님의 영이신 성령의 인도함을 받는 교회가 되어야 합니다.

주님과 함께하는 길은 기도밖에 없다

21세기에 들어와서 '영성' 이라는 말을 많이 사용되고 있습니다. '영성' (靈性, spirituality)은 어떤 정신을 갖고 살아가는 것을 말합니다. 이 정의를 곰곰이 생각해 보면 기독교의 전용어가 아니라는 것을 알 수 있습니다. 소크라테스의 정신대로 살아가는 사람들은 '스토아 철학자'라 하고, 공산주의 정신을 자기 정신으로 삼는 사람들은 '공산주의 영성을 가진 자'라 합니다. 효녀 심청의 이야기 속에는 유교 영성이 담겨 있고, 예수 그리스도의 정신대로 살아가는 사람들에게는 '기독교 영성'이 있습니다.

그런데 기독교 영성이 세상의 영성들과 다른 것은 세상의 여러 가지 영성들은 죽은 교주의 가르침과 경전을 따르고 있지만 기독교 영성은 살아 계신 예수님을 따라간다는 것입니다.

> 저희가 이에 제자들에게 와서 보니 큰 무리가 둘렀고, 서기관이 더불어 변론하더니 온 무리가 곧 예수를 보고 심히 놀라며 달려와 문안하거늘 예수께서 물으시되 너희는 무엇을 저희와 변론하느냐 무리 중에 하나가 대답하되 선생님, 벙어리 귀신 들린 내 아들을 선생님께 데려 왔나이다. 귀신이 어디서든지 저를 잡으면 거꾸러져 거품을 흘리며 이를 갈며 그리고 파리하여 가는지라. 내가 선생의 제자들에게 내어 쫓아 달라 하였으나 저희가 능히 하지 못하더이다. 대답하여 가라사대 믿음이 없는 세대여 내가 얼마나 너희와 함께 있으며 얼마나 너희를 참으리요 그를 내게로 데려오라 하시매(막 9:14-19).

예수님께서 베드로, 야고보, 요한 세 제자만을 데리시고 높은 산에 올라가셔서 기도를 드렸습니다. 그런데 기도 중에 몸에 광채가 나면서 엘리야와 모세가 나타나 예수님과 대화를 나누었습니다. 이 광경을 목격한 세 제자들이 놀라며 두려움에 빠졌습니다. 그때 성질 급한 베드로가 "이곳에 초막 셋을 짓고 살면 좋겠습니다."라고 말했지만 예수님은 산 아래로 내려오셨습니다. 그때 산 아래서는 변화산 위에 있을 때와 대조적인 일이 벌어지고 있었습니다.

예수님께서 산 아래 제자들이 있는 곳에 와보니 제자들과 서기관들이 변론을 하고 있었습니다. 벙어리 귀신들린 아들을 고쳐 달라고 제자들에게 데려왔으나 제자들이 귀신을 쫓지 못하고 쩔쩔매고 진땀을 흘리며 코너에 몰려 있었습니다. 그때 예수님께서 "믿음이 없는 세대여! 내가 너희와 얼마나 함께 있어야 하겠느냐?"며 책망을 하셨습니다. 이 말씀의 뜻은 이 땅에 계실 기간이 길지 않을 것을 암시하는 것입니다. 이 예언의 말씀대로 예수님은 십자가에 못 박혀 돌아가시고, 장사된 지 사흘 만에 부활하시고 부활한 지 사십 일 만에 하늘로 올라가셨습니다.

우리가 언제나 예수님을 모시고 다니며 귀신을 쫓아낼 수는 없습니다. 그러나 언제나 예수님을 초청하고 함께할 수는 있습니다. 부활 승천하신 예수님께서 우리와 함께 하시겠다고 약속하셨기 때문입니다.

> 내가 아버지께 구하겠으니 그가 또 다른 보혜사를 너희에게 주사 영원토록 너희와 함께 있게 하시리니(요 14:16)

'보혜사'(保惠師)라는 말은 헬라어로 '파라클레토스'라고 하는데, '위로자', '대언자', '중보자'라는 뜻입니다. 예수님은 우리의 보혜사이십니다. 그러나 예수님이 이 땅 위에 계시면 육신을 입으셨으므로 시간과 공간의 제한을 받으십니다. 따라서 예수님께서 승천하셨습니다. 이제는 누구든지 예수님을 믿고 기도하는 사람에게 예수님이 보내신 성령님이 임재하셔서 도와주실 것입니다.

그러므로 기도하면 주님과 함께하는 것입니다. 이것은 기도하는 사람만이 누리는 특권입니다. 기도하는 사람은 사자 굴에 들어가도 혼자가 아닙니다. 기도하는 사람은 풀무불에 들어가도 혼자가 아닙니다. 깊은 산 토굴 속에 금식하며 홀로 기도할지라도 결코 혼자가 아닙니다. 그러므로 기도하는 사람을 꺾을 장사가 없습니다.

"기도하는 존 낙스 한 사람이 영국의 1개 사단보다 강하다."　메리 여왕

일자무식인 할머니일지라도 기도하면 기도하지 않는 하버드대학 출신의 박사보다 지혜를 얻을 수 있습니다. 하나님께서 기도를 받으시고, 지혜의 성령님을 보내 주시기 때문입니다.

> 책을 취하매 네 생물과 이십사 장로들이 어린 양 앞에 엎드려 각각 거문고와 향이 가득한 금 대접을 가졌으니 이 향은 성도의 기도들이라. (계 5:8)

우리가 기도하면 천사가 우리의 기도를 금대접에 담아 어린양이신 예수님께 올리고 예수님께서 하나님께 중보한다고 계시록은 증거하고 있습니다. 기도하는 사람은 언제나 주님과 함께 있다는 사실을 믿어야 합니다. 기도하므로 주님과 동행하고 늘 승리해야 합니다.

기도는 악하고 어두운 권세를 물리친다

예수님을 믿지 않던 비신자가 예수님을 믿는 순간부터 영적 싸움이

시작됩니다. 예수님을 믿기 전에는 마귀란 놈이 자기편이요, 자기 부하인 사람을 절대 건드리지 않습니다. 교회를 다녀도 영적인 세계를 알지 못하고 기도하지 않는 사람은 건드리지 않습니다. 아직 아군으로 인식하기 때문입니다. 그러다가 신령한 세계에 눈뜨고 기도하게 되면 여러 가지로 시험을 합니다. 그러므로 우리가 싸우는 전쟁이 어떤 것인가 잘 알아야 합니다.

우리의 씨름은 혈과 육에 대한 것이 아니요, 정사와 권세와 이 어두움의 세상 주관자들과 하늘에 있는 악의 영들에게 대함이라. (엡 6:12)

마귀는 죽이고 망하게 하는 것이 전공입니다. 그러나 그 방법은 매우 다양하고 교활해서 기도하지 않는 사람은 그 수를 당할 수가 없습니다. 기도하지 않는데도 만사가 척척 잘되고 형통한다고 하면 그것은 사탄의 계략 아래 놓여 있는 것입니다. 영의 사람이 되면 철저하게 영의 지배를 받기 때문에 기도해야 하고 말씀에 순종해야 복을 받습니다.

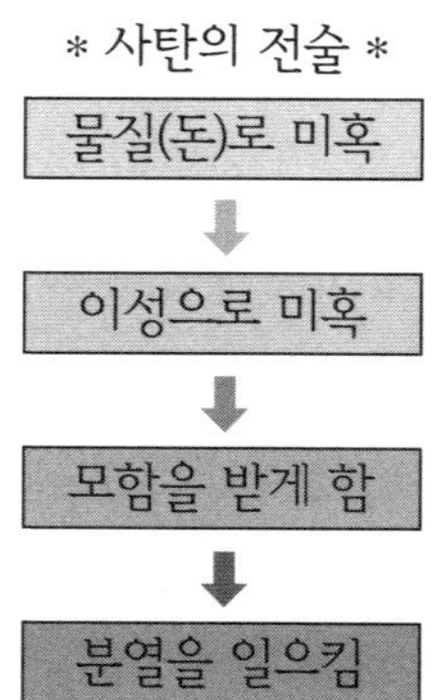

사탄은 점점 강한 방법으로 하나님의 자녀들을 공격합니다. 이 공격을 물리치는 방법에 대해 에베소서는 자세하게 가르치고 있습니다.

구원의 투구와 성령의 검 곧 하나님의 말씀을 가지라. 모든 기도와 간구
로 하되 무시로 성령 안에서 기도하고 이를 위하여 깨어 구하기를 항상 힘
쓰며 여러 성도를 위하여 구하고 (엡 6:17-18)

영적 전쟁에서 승리하는 비결은 오직 기도뿐입니다.

이에 데리고 오니 귀신이 예수를 보고 곧 그 아이로 심히 경련을 일으키게
하는지라. 저가 땅에 엎드러져 굴며 거품을 흘리더라. 예수께서 그 아비
에게 물으시되 언제부터 이렇게 되었느냐 하시니 가로되 어릴 때부터니
이다. 귀신이 저를 죽이려고 불과 물에 자주 던졌나이다. 그러나 무엇을
하실 수 있거든 우리를 불쌍히 여기사 도와주옵소서. 예수께서 이르시되
할 수 있거든이 무슨 말이냐 믿는 자에게는 능치 못할 일이 없느니라 하시
니 곧 그 아이의 아비가 소리를 질러 가로되 내가 믿나이다. 나의 믿음 없
는 것을 도와주소서 하더라. 예수께서 무리의 달려 모이는 것을 보시고
그 더러운 귀신을 꾸짖어 가라사대 벙어리 되고 귀먹은 귀신아 내가 네게
명하노니 그 아이에게서 나오고 다시 들어가지 말라 하시매 (막 9:20-25)

이 사건은 귀신이 간질이라는 질병을 매개로 영향력을 행사하고 있
는 것입니다. 사탄은 사람의 약한 부분을 파고 들어옵니다. 사람은 누
구나 약한 부분이 있습니다. 장사 삼손도 약한 부분이 있었는데 바로
이성(異性)에 약했습니다. 에서는 음식에 약했습니다. 마가는 의지가
약했습니다. 인간은 완벽할 수 없습니다. 누구든지 약한 부분이 있습
니다. 그 부분을 깨닫는 것이 중요합니다. 그리고 그 부분을 그리스도
의 보혈로 막으시고 기도로 봉해야 합니다. 그러면 사탄이 침투하지
못합니다. 사탄은 우리의 약한 부분을 뚫고 들어와 죽이려고 물과 불
에 던집니다. 사람으로서는 이길 도리가 없습니다. 그러나 하나님은
하실 수 있습니다.

"믿는 자에게는 능치 못함이 없느니라."

믿음을 갖고 외쳐야 합니다.

"악하고 더러운 귀신아! 예수 그리스도의 이름과 성령의 권능으로 외치노니 물러갈지어다!"

하나님이 우리를 부르시고 자녀로 삼으셨을 때 이미 자녀의 권세를 주셨습니다.

영접하는 자 곧 그의 이름을 부르는 자들에게는 하나님의 자녀가 되는 권세를 주셨으니(요 1:12)

하나님의 자녀의 권세란 세상에서 가장 큰 권세입니다. 오래 전 시골의 한 농부가 백악관에 민원을 해결하려고 방문했습니다. 일찍 떠났지만 거리가 멀어 이미 저녁이 되었습니다. 정문에서 대통령을 만나고 싶다고 청했지만 근무 시간이 지나 비서들이 퇴근했기 때문에 다음날 오라고 했습니다. 농부는 잘 곳도 없어 어떻게 해야 할지 고심하면서 서성거리고 있었는데 어느 꼬마가 다가와 물었습니다.
"어떤 일로 이 시간에 여기 계세요?"
농부는 자초지종을 꼬마에게 말했습니다. 꼬마는 농부의 손을 잡고 말했습니다.
"저를 따라 오세요."
꼬마와 함께 농부가 백악관 정문으로 들어가는데 아무도 막지 않았습니다. 아이가 대통령 집무실의 문을 열고 안으로 들어가 "아빠!"라고 불렀더니 대통령이 자리에서 일어나 아이를 맞이했습니다. 이 아이는 바로 아브라함 링컨 대통령의 아들이었습니다.

우리는 하나님의 자녀입니다. 우리에게는 하늘 문을 열고 닫을 권세가 있습니다. 천군 천사를 동원할 능력이 있습니다. 하나님을 움직일 수 있습니다. 어떤 시련도 걱정하지 마시기 바랍니다.

> 믿는 자들에게는 이런 표적이 따르리니 곧 저희가 내 이름으로 귀신을 쫓아내며 새 방언을 말하며 뱀을 집으며 무슨 독을 마실지라도 해를 받지 아니하며 병든 사람에게 손을 얹은즉 나으리라 하시더라. (막 16:17-18)

하나님의 자녀 된 권세를 믿고 기도하셔서 악한 권세를 물리치고 승리하는 기도의 용사가 되어야 합니다.

기도는 만능의 갑옷이다

사탄이 하는 일은 사람을 죽이고 망하게 하는 것이요, 성령님이 하시는 일은 사람을 세우고 회복하는 것입니다. 그래서 그 하는 일의 열매를 보면 사탄의 자녀인지 성령의 사람인지를 알게 됩니다.

> 그의 열매로 그를 알지니 가시나무에서 포도를, 또는 엉겅퀴에서 무화과를 따겠느냐. 이와 같이 좋은 나무마다 아름다운 열매를 맺고 못된 나무가 나쁜 열매를 맺나니 좋은 나무가 나쁜 열매를 맺을 수 없고 못된 나무가 아름다운 열매를 맺을 수 없느니라. 아름다운 열매를 맺지 아니하는 나무마다 찍혀 불에 던지우느니라. 이러므로 그의 열매로 그들을 알리라.
> (마 7:16-20)

교회는 열매가 풍성한 과수원이 되어야 합니다. 이곳에서 꿈나무들

이 자라나야 합니다. 이 나라를 짊어지고 나아갈 인재들을 양성해야
합니다. 영계의 거목이 자라고, 정치, 문화, 사회, 법조계, 경제, 의학,
과학, 국방 등 모든 부분을 세워 나아갈 인재들이 자라나야 합니다.
당대에만 모이다가 다음 대에 쓰러지고 말면 실패한 교회입니다.

그러면 우리 모두 하나님 앞에서 악하고 게으른 종이라고 책망을
들을 것입니다. 농사 중에 제일 어려운 것이 자식 농사, 사람 농사 아
닙니까? 어렵기 때문에 더욱 노력해야 합니다.

> 혈육 있는 모든 생물을 너는 각기 암수 한 쌍씩 방주로 이끌어 들여 너와
> 함께 생명을 보존하되(창 6:19)

생명을 보존하는 곳이 교회입니다. 다음 세대의 생명을 잘 보존하여
꽃 피게 하고 열매 맺게 할 사명이 교회의 사명입니다.

> 귀신이 소리 지르며 아이로 심히 경련을 일으키게 하고 나가니 그 아이
> 가 죽은 것같이 되어 많은 사람이 말하기를 죽었다 하나 예수께서 그 손
> 을 잡아 일으키시니 이에 일어서니라. 집에 들어가시매 제자들이 종용
> 히 묻자오되 우리는 어찌하여 능히 그 귀신을 쫓아내지 못하였나이까.
> 이르시되 기도 외에 다른 것으로는 이런 유가 나갈 수 없느니라 하시니
> 라. (막 9:26-29)

예수님의 명령에 귀신이 달아났습니다. 아이가 경련이 일어나 죽을
것같이 되었습니다. 그때 놀란 사람들이 말합니다.
"아이가 죽었다."
그때 예수님께서 아이의 손을 잡아 일으키셨더니 아이가 일어났습
니다. 교회는 사람을 살리는 곳입니다. 그런데 살리기 전에 반드시 거

쳐야 할 과정이 있습니다. 그것은 죽은 것입니다. 마치 큰 수술에 들어가는 사람이 전신마취를 하면 즉시 정신을 잃고 깨어나 보면 이미 수술이 끝나고 병 덩어리가 제거된 것과 같습니다. 반드시 변화의 과정을 겪어야 합니다.

* 변화의 과정 *

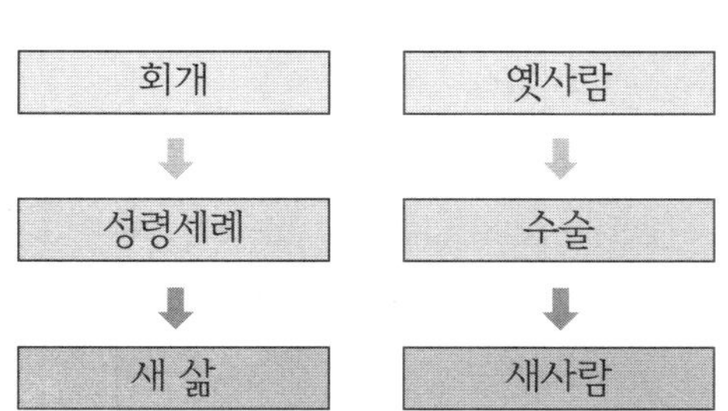

　기도하지 않고는 변화가 일어나지 않고 변화의 과정이 없는 사람은 능력 있는 삶을 살 수가 없습니다. 그러므로 기도해야 합니다. 기도하지 않고는 자신도 죽고 남도 죽습니다. 그러나 기도하면 자신이 능력을 받고 남도 살릴 수 있습니다.

　기도에는 능력이 있습니다.
　기도의 위력은 불의 세력을 정복한 바
　기도는 노여워하는 사자의 입에 재갈을 물리고
　난세를 정복시켜 고요하게 하고
　전쟁을 종결시키며
　폭풍우를 달래고
　마귀를 내쫓으며
　사망의 결박을 풀고

질병을 완쾌시키고

협잡꾼을 내쫓고

도시들을 파멸에서 구출하며

태양을 멈추게 하고

우뢰의 진행을 막는다.

기도는 만능의 갑옷이요

값이 떨어지지 않는 보물이요,

고갈되지 않는 광산이며

구름으로도 흐려지지 않는 창공이요,

폭풍우로도 구겨지지 않는 하늘이다.

이것은 뿌리요,

지반이요,

한량없는 축복의 어머니다.

크리소스톰 (Chrysostom, 347-407, 황금의 입이라는 별명을 가진 콘스탄티노플의 주교)

한마디로 말해 기도는 영혼의 호흡입니다. 우리가 호흡을 멈추는 순간 우리의 생명도 다하게 됩니다. 그러나 우리의 호흡이 풍성하면 다른 사람을 인공호흡하여 살릴 수 있는 것처럼 기도하면 가정을 살리고, 교회를 살리고, 나라를 살릴 수 있습니다.

"기도야말로 하나님의 자녀 된 진정한 증거요, 가장 중요한 행동 습관이다."

존 칼빈

기도는 만사를 변화시킵니다. 남편을 변화시켜 달라고 기도하던 여인이 자신이 변화를 받았습니다. 잔소리로 밥을 짓지 말고 기도의 생수로 밥을 지으면 자녀들이 변화를 받게 될 것입니다. 기도로 하루를 열고, 기도로 하루를 닫으면 심령과 가정과 교회가 천국이 될 것입니다.

기도는 어렵습니다. 그러므로 다니엘은 뜻을 정하고 시간을 정하고 하루 세 번 기도했습니다. 존 칼빈은 하루에 다섯 번 시간을 정하고 기도했습니다. 이렇게 기도한 결과로 자신이 살고 교회를 살렸습니다.

쉬지 말고 기도하라. (살전 5:17)

'쉬지 말고 기도하라' 는 말은 호흡처럼 기도를 생활화하라는 것이요, 기도하는 것만큼 생명이 풍성해질 것이라는 뜻입니다. 우리의 소원은 통일이라는 노래를 불러 보았지요? 통일까지도 기도 없이는 안 됩니다. 기도는 자신을 살리고, 형제를 살리고, 나라를 살리는 길입니다.

모든 성도들이 기도의 용사가 되어 사람을 살리고, 악한 권세를 물리치고, 날마다 주님과 함께 동행하며 승리하는 삶을 살아야 합니다.

나는 찬양의 힘을 믿는다

찬양은 신령과 진정으로 하나님을 예배하는 것이다 행 16:19-34

"찬양은 기도보다 더 거룩하다.

기도는 하늘로 가는 길을 우리에게 보여 주나 찬양은 이미 그곳에 가 있다."

에드워드 영(웨스트민스터신학교 구약학 교수 역임)

2005년 8월 23일, 평양의 정주영체육관에서 조용필 씨의 공연이 있었습니다. 처음에는 통제된 반응을 보였던 청중들이 시간이 지나면서 노래의 감동에 젖어 눈물을 흘리고 박수를 쳤습니다. 공연이 끝나자 기립 박수를 치고 앙코르를 요청하는 뜨거운 반응을 보였습니다.

중국의 수많은 역사책들은 한결같이 고대 한국인은 어울리면 "노래하고 춤을 즐겼다."라고 기록하고 있습니다. 그런데 불교 천 년, 유교 오백 년을 내려오면서 '욕망을 자극한다.'라고 해서 가무를 천대하고 억제했기 때문에 제대로 표출되지 못하다가 기독교가 들어오면서 찬송으로 폭발하게 되었습니다.

프랑스 천주교 신부로 1886년 3월 7일 새남터에서 순교한 장 베르뇌 시므온 주교는 한국인의 신앙생활에 대하여 "교회를 이해하려 하지 않고 주기도문을 외우고 찬송을 신들리게 부르는 것으로 종교적 만족을 구하며 어떤 희생도 무릅쓰고 태연히 순교에 임했다."라고 기록하였습니다.

가라오케의 원조인 일본에 40만 대의 노래방 기계가 보급됐는데, 한국에는 인구가 일본에 비해 3분의 1 임에도 불구하고 노래방 기계는 60만 대가 보급된 것도 이런 민족 성향을 나타내는 것입니다. 세계 기독교 중에서 가장 열렬하게 손뼉을 치고 찬송을 한 것이 박태선의 전도관에서 비롯되었고 이제 한국 교회의 보편적인 찬양의 형태가 되었습니다.

한국 교회가 세계에서 가장 급성장하고 열정적인 교회가 된 것도 찬송과 깊은 관계가 있다고 볼 수 있습니다. 기독교의 3대 요소는 말씀과 기도와 찬송입니다.

다른 종교에도 경전이 있고 기도도 있습니다. 그러나 어느 종교도 기독교와 같이 찬송이 보편화되어 있는 종교는 없습니다. 제사 의식 속에 조금 노래가 들어 있을 정도입니다. 그러나 기독교의 찬송은 맛배기 정도로 불리는 것이 아닙니다. 말씀과 기도 못지않게 중요한 위치를 차지하고 있습니다.

이스라엘의 찬송 중에 거하시는 주여 주는 거룩하시나이다. (시 22:3)

이스라엘 백성들은 하나님께서 찬송을 좋아하시며 찬송하는 무리와 그들의 삶 속에 함께 하신다는 것을 알았고, 그들은 찬송으로 하나님께 영광을 돌렸습니다. 성경에서 보면 찬송은 창세기 때로 그 기원이 올라갑니다.

시편은 한 편, 한 편이 모두 곡조가 붙은 찬송이었던 것인데 음을 지시하던 지시표 원본을 지금까지 하나도 찾지 못하고 있습니다. 시편의 기자들은 인간이 겪는 모든 감정, 즉 희노애락애오욕(喜怒哀樂愛惡慾)을 모두 노래에 담아 하나님께 올려 드렸습니다. 그 결과 기독교는 찬송의 종교가 되었습니다. 그런데 교회마다 조금씩 다르지만 찬송을 소홀히 하고 이해가 부족하여 있어도 좋고 없어도 무방한 정도로 찬송을 이해하는 경우가 있습니다.

기도를 하다가 중지한다든지 설교를 하다가 그만둔다면 큰일 날 줄 알면서 찬송은 전혀 그렇지 않게 생각하는 사람이 많습니다. 그리스도인이라면 누구나 말씀의 귀중함에 대해서 잘 압니다. 생명의 양식이며 하늘의 만나가 하나님의 말씀이라는 것도 압니다. 말씀의 능력에 대해서도 잘 알고 있습니다.

> 하나님의 말씀은 살았고 운동력이 있어 좌우에 날선 어떤 검보다도 예리하여 혼과 영과 및 관절과 골수를 찔러 쪼개기까지 하며 또 마음의 생각과 뜻을 감찰하나니(히 4:12)

또한 기도의 중요성에 대해서도 잘 압니다. 기도는 영혼의 호흡이며 하나님과 대화하는 것이라는 것을 압니다. 기도하는 자는 능력을 받고, 환난 중에 도움을 받으며, 기도의 능력은 산을 옮길 만한 힘이 있다는 것을 믿고 기도합니다.

그런데 찬송의 능력에 대해서는 깊은 이해가 없습니다. 찬송은 곡조가 붙어 있는 기도입니다. 이 말씀을 통해서 찬양할 때 나타나는 하나님의 역사를 깨닫고 교회에서만 찬양하는 것이 아니라 어느 곳에 있든지 무엇을 하든지 찬송하는 찬양의 생활화를 실천할 수 있게 되시기 바랍니다. 찬양에는 능력이 있습니다. 날마다 숨 쉬는 순간마다 주님을 찬양하셔서 하나님을 기쁘시게 하며 찬양의 능력을 맛보는 큰 일을 행해야 합니다.

찬양에는 고난을 극복할 힘이 있다

제2차 전도 여행 길에 오른 사도 바울은 실라를 데리고 데베를 거쳐 루스드라에 갔습니다. 그곳에서 디모데라는 신실한 청년을 만나 제자로 삼고 아시아 쪽으로 복음을 전하러 가기 위해 준비하는데 성령님께서 그 길을 자꾸 막으셨습니다. 그래서 간절히 기도하다가 환상 중에 코가 크고 얼굴이 흰 유럽 사람 중에 마케도니아 말을 쓰는 사람이 나타나 우리를 도와달라고 간청을 했습니다. 이 환상을 본 바울은 즉시 마케도니아로 향했습니다. 마케도니아의 첫 성읍인 빌립보 성에 도착했습니다. 그곳에서 안식일이 되어 기도처를 찾다가 자주장사 루디아를 만나 믿음이 좋은 루디아의 요청을 받고 그의 집에서 빌립보교회가 시작되었습니다.

바울의 일행이 날마다 지나가는 거리에 귀신들려 점을 치는 여종 하나가 있었습니다. 그 여 점쟁이가 바울의 일행을 볼 때마다 소리를 지르면서 "이 사람들은 지극히 높은 하나님의 종으로 구원의 길을 너희에게 전하는 자라."고 하면서 떠들어 댑니다. 몇 번은 그냥 지나쳤는데 계속되는 소란을 보면서 바울이 귀신들린 점쟁이를 향해 "예수 그리스도의 이름으로 내가 네게 명하노니 그에게서 나오라!"고 외쳤더니 귀신이 즉시 달아났습니다. 이 여종은 귀신에게서 놓임을 받고 새사람이 되었습니다.

그런데 이것이 큰 문제로 비화되었습니다. 이 여종을 이용해 돈벌이를 하던 주인이 큰 수입이 끊어졌습니다. 귀신이 들렸을 때는 족집게 점을 치던 여종이 귀신이 나간 후에는 제대로 점을 치지 못합니다. 그래서 돈을 벌 수 없게 된 주인이 바울의 일행을 민심을 흉흉케 하고 세상을 소란케 한다고 관가에 고발했습니다. 이렇게 해서 바울이 빌립보 감옥에 갇히게 되었습니다.

종의 주인들은 자기 이익의 소망이 끊어진 것을 보고 바울과 실라를 잡아 가지고 저자로 관원들에게 끌어갔다가 상관들 앞에 데리고 가서 말하되 이 사람들이 유대인인데 우리 성을 심히 요란케 하여 로마 사람인 우리가 받지도 못하고 행치도 못할 풍속을 전한다 하거늘 무리가 일제히 일어나 송사하니 상관들이 옷을 찢어 벗기고 매로 치라 하여 많이 친 후에 옥에 가두고 간수에게 분부하여 든든히 지키라 하니 그가 이러한 영을 받아 저희를 깊은 옥에 가두고 그 발을 착고에 든든히 채웠더니 밤중쯤 되어 바울과 실라가 기도하고 하나님을 찬미하매 죄수들이 듣더라. (행 16:19-25)

바울의 일행은 성을 요란하게 한다는 소란 죄와 미풍양속을 해친다는 풍속 사범으로 붙잡혔습니다. 간수들이 옷을 벗기고 모지게 때린 후에 깊은 지하 감옥에 가두었습니다. 그들의 발에는 도망갈 수 없도록 쇠고랑을 채우고 착고를 든든히 채웠습니다.

바울과 실라는 복음을 전하다가 고난을 당했습니다. 귀신을 쫓아주고 오히려 봉변을 당했습니다. 그러나 이들은 낙심하지 않았습니다. 원망과 불평하지 않았습니다. 오히려 더욱 기도했습니다. 놀랍게도 하나님을 찬양했습니다. 이들은 속으로 혼자 찬송한 것이 아닙니다. 다른 죄수들이 다 들을 만큼 크게 찬송을 불렀습니다. 그들의 마음에 평안이 임했습니다. 뿐만 아니라 옥중에 있는 모든 죄수들의 마음에 평강이 임했습니다. 고난 속에서 찬송하면 고난이 물러가고 평강이 비둘기와 같이 임하게 됨을 믿으시기 바랍니다.

흑인 영가는 아프리카 흑인들이 미국에 노예로 팔려와 남부 지방의 뜨거운 태양 아래서 하루 종일 목화를 따는 고달픈 노동에 혹사당할 때 믿음으로 하나님께 부르던 노래였습니다. 흑인영가는 불려진 때로부터 수백 년이 지난 오늘날에 들어도 가슴을 뭉클하게 하는 감동이 있습니다.

그 누가 나의 괴롬 알며 또 나의 슬픔 알까
주 밖에 누가 알아주랴 영광 할렐루야
나 자주 넘어집니다 오~ 주여
나 자주 실패합니다 오~ 주여
그 누가 나의 괴롬 알며 또 나의 슬픔 알까
주밖에 누가 알아주랴 영광 할렐루야

그 누가 나의 괴롬 알며 또 나의 슬픔 알까
주 밖에 누가 알아주랴 영광 할렐루야
나 슬픈 일 당합니다 오~ 주여

나 심히 괴롭습니다 오~ 주여

그 누가 나의 괴롬 알며 또 나의 슬픔 알까

주밖에 누가 알아주랴 영광 할렐루야

그 누가 나의 괴롬 알며 또 나의 슬픔 알까

주 밖에 누가 알아 주랴 영광 할렐루야

저 마귀 유혹합니다 오~ 주여

나 승리하게 합소서 오~ 주여

그 누가 나의 괴롬 알며 또 나의 슬픔 알까

주밖에 누가 알아주랴 영광 할렐루야

(찬송가 420장, 흑인영가)

수백 년 전 미국의 흑인 노예들은 바로 이런 노래를 부르며 고난을 이겨냈습니다. 여러분! 고난이 있습니까? 원망하지 마십시오. 절망하지 마십시오. 불평하지 마십시오. 원망과 절망과 불평으로 고난이 해결되지 않습니다. 오히려 찬송하십시오. 더욱 기도하십시오. 그러면 고난이 저 멀리 달아나 버리고 말 것입니다.

왜 나만 겪는 고난이냐고 불평하지 마세요

고난의 뒤편에 있는 주님이 주실 축복

미리 보면서 감사하세요

너무 견디기 힘든 지금 이 순간에도

주님이 일하고 계시잖아요

남들은 지쳐 앉아 있을지라도

당신만은 일어서세요

힘을 내세요 힘을 내세요

주님이 손잡고 계시잖아요

주님이 나와 함께 함을 믿는다면

어떤 역경도 이길 수 있잖아요

("왜 나만 겪는 고난이냐고", 김석균 복음성가)

불평 대신 감사하고 원망 대신 찬송하십시오. 그러면 반드시 일어나게 됩니다. 고난은 저만치 달아납니다.

> 내가 여호와를 항상 송축함이여, 그를 송축함이 내 입에 계속하리로다.
> 내 영혼이 여호와로 자랑하리니 곤고한 자가 이를 듣고 기뻐하리로다.
>
> (시 34:1-2)

시편 기자는 '항상 찬송하겠다.'라고 고백합니다. 자신이 고난을 물리칠 뿐 아니라 곤고한 자가 이를 듣고 힘을 얻고 기쁨을 회복할 것이라고 고백하고 있습니다. 고난 중에도 찬송하시기 바랍니다. 고난은 물러가고 기쁨을 누리게 될 것입니다. 찬양의 힘을 믿고 고난을 극복해야 합니다.

찬양에는 닫힌 문을 여는 힘이 있다

사람들은 대체로 노래는 기쁠 때에만 하는 것이라고 생각합니다. 그래서 노래 한 곡 하라고 하면 지금은 노래할 기분이 아니라고 말하는 사람들이 더러 있습니다. 그러나 가만히 생각해 보십시오. 장례를 치를 때 부르는 찬송은 상한 가족들의 마음을 위로하며 치유하는 효과가 있습니다. 또 전쟁에 나가는 병사들이 부르는 노래가 있습니다. 그 노래가 병사들에게 힘을 주고 용기를 북돋아 주는 것입니다. 이렇게 노래는 상황을 변화시키고 닫힌 문을 여는 힘이 있습니다. 문제를 해결하는 힘이 있습니다.

찬송을 부를 때 갑자기 지진이 일어났습니다. 옥터가 흔들리고 닫힌 문이 열렸습니다. 모든 사람의 매인 것이 다 벗어졌습니다. 진도 7의 지진이 일어났는데 왜 하필이면 찬송이 끝나자 일어났을까요? 우연일까요? 아닙니다. 하나님께서 바울과 실라의 찬송을 들으시고 닫힌 문을 열어 주신 것입니다. 찬송에는 능력이 있습니다. 찬송을 부를 때 놀라운 일이 일어납니다.

이스라엘의 초대 왕 사울은 인물도 준수하고 가문도 좋고 성품도 괜찮았는데 불행하게도 마음에 번민이 가득했습니다. 우울질 성격을 가진 사람이었습니다. 많은 일을 하면 마음이 혼란해지고 혼란해진 마음속에 악신이 들어왔습니다. 그가 악신에 시달리자 신하들 중에 여러 치료 방법을 내놓았으나 백약이 효과가 없었습니다. 한 신하가 다윗이라는 목동 소년이 있는데 그가 수금을 타면 어지럽던 머리가 상쾌해진다고 아뢰었더니 그를 불러오라 하여 소년 다윗이 사울 왕 앞에서 수금을 탔습니다.

지금으로부터 3,000년 전에 이미 음악 치료가 행해지고 있었다는 놀라운 사실입니다. 현대 의술이 아무리 발달했다고 하나 우리나라에서는 이제야 음악 치료에 대한 공부가 시작되었습니다. 숙명여대에 음악치료학과가 생겼고 이화여대, 숙명여대, 한신대 대학원 과정이 생긴 정도입니다.

음악 치료를 할 때 음악의 선택이 가장 중요합니다. 음악 치료사는 환자에게 어떤 음악을 제시했을 때 환자의 맥박, 호흡, 분노, 공포, 기쁨, 슬픔 등의 반응을 살펴서 그에 적합하게 음악을 조절합니다. 음악의 움직임, 템포, 리듬, 화성, 장단조, 음악적 역동 관계, 악기의 조성, 기타 음악 심리학적으로 관계된 것들을 동원합니다. 음악 치료 전문가들은 질병의 대상에 따라 적절한 음악을 다음과 같이 꼽았습니다.

✤ 감정을 고양시킬 때 – 격정적 음악 (베토벤의 "비창")
✤ 감정을 진정시킬 때 – 조용한 음악 (브람스의 "자장가")
✤ 감정을 정상화시킬 때 – 고요한 음악 (모짜르트의 "가곡")
✤ 감정을 위로·격려할 때 – 가사에 메시지가 있는 음악
　　　　　　　　　　　　　 (모짜르트의 "아리아, 찬송가, 복음성가")
✤ 기분을 전환할 때 – 화려한 음악 (비발디의 "사계")
✤ 감정을 정화시킬 때 – 밝고 명랑한 음악 (요한 스트라우스의 "왈츠",
　　　　　　　　　　　　　 차이코프스키의 "숲속 이야기")

이렇게 음악으로 사람의 마음을 움직일 수 있다니 놀랍습니다. 그런데 더욱 놀라운 것은 사람의 마음만 움직일 수 있는 것이 아닙니다.

한국농업진흥청 잠사곤충연구소 생체활성연구실에서 1992년부터 5년간 음악이 농작물에 미치는 영향을 연구 조사했습니다. 비료를 뿌릴 때 음악을 들려주었더니 67%나 더 흡수했으며, 생육은 44%까지 증진했습니다. 특히 배추, 오이, 알타리 무, 쪽파 등에 효과가 컸습니다. 또 해충이 적게 발생하기 때문에 농약을 적게 뿌렸는데도 수확량이 늘었습니다.

오이의 경우 음악을 들려주지 않은 줄기에서 1,564g을 땄고, 음악을 들려준 줄기에서 2,129g을 수확해서 36% 수확량이 증가했습니다. 그래서 연구소에서 "농작물도 아름다운 음악을 들으면 생육과 품질이 좋아지고 해충도 줄어든다. 좋은 음악을 들려주면 음파가 세포를 자극해 원형질 운동을 활발하게 하며 엽록소를 많이 만들어 생육을 촉진시킨다."라고 결론을 내렸습니다.

음악의 효과가 이렇게 있다면 영적인 음악인 찬송의 능력은 말할 것도 없지 않겠습니까? 찬송은 하나님께 드리는 노래입니다. 하나님이 찬양을 받으시고 닫힌 문을 열어 주십니다. 막힌 담을 허물어 주십니다. 갈등을 해결해 주십니다. 질병을 치료해 주십니다. 마귀의 결박을 풀어 주십니다. 근심은 물러가게 하십니다.

주 나의 하나님이여 내가 전심으로 주를 찬송하고 영영토록 주의 이름에 영화를 돌리오리니 이는 내게 향하신 주의 인자가 크사 내 영혼을 깊은 음부에서 건지셨음이니이다. (시 86:12-13)

전심으로 주를 찬송하십시오. 그리하면 음부와 같은 수렁에서 건지시고 닫힌 문이 열리는 체험을 하게 될 것입니다. 찬양의 힘으로 닫힌 문을 열어야 합니다.

찬양에는 인생을 가로막는 대적을 물리치는 능력이 있다

고대 로마 제국은 제국의 안녕과 질서를 위해서 황제를 숭배하는 의식을 거행했습니다. 그런데 기독교는 하나님 외에는 어떤 우상 앞에서도 절을 하지 않았기 때문에 크게 충돌했습니다. 로마가 기독교를 뿌리 뽑기 위해 핍박을 하는데 자그마치 250년간 열 명의 황제가 계속해서 핍박을 해서 기독교인의 씨를 말렸습니다. 원형 경기장에서 사자의 밥이 되도록 사자와 싸움을 시켜 놓고 그것을 즐겼습니다. 또 십자가에 못 박아 죽이고, 때려 죽이고, 땅에 산채로 묻어 죽이고, 절해고도에 귀양을 보내는 등 갖은 악형을 다 가했습니다. 온갖 사형 방법을 개발하다가 새로 개발한 방법이 인간 횃불을 켜 놓고 잔치를 벌이는 것이었습니다. 기독교인들을 십자가에 못 박고 몸에 기름을 뿌려 불을 붙여 놓고는 그 불타는 것을 보면서 술을 마시고 잔치를 벌였습니다.

그런데 놀라운 일이 일어났습니다. 불에 타 죽는 기독교인들의 입에서 찬송이 흘러나왔습니다. 한 사람이 부르자 곧 합창이 되었습니다. 그것을 바라보는 핍박자들은 약이 올랐습니다. "저 지독한 예수쟁이들을 봐라! 저런 놈들은 세상에서 씨를 말려야 한다."라며 증오를 쏟아내었습니다. 그런데 그 찬송의 소리가 왕족과 귀족들 중에 여인들의 마음에 비수와 같이 파고들었습니다. '죽어가면서도 저렇게 아름다운 찬송을 하는 저들이 믿는 하나님은 어떤 분이며 예수님은 어떤 분인가! 저들이 믿는 천국은 어떤 곳일까?' 그들 중에 비밀리에 예배에 참석하고 예수를 구주로 영접하는 신자들이 생기게 되었습니다. 드디어 313년 콘스탄틴 황제의 어머니 헬레나의 믿음에 의해 황

제가 기독교를 공인하고 로마는 기독교 국가가 되었습니다. 찬양에
는 이렇게 대적을 물리치고 사람을 변화시키는 능력이 있습니다.

> 간수가 자다가 깨어 옥문들이 열린 것을 보고 죄수들이 도망한 줄 생각하
> 고 검을 빼어 자결하려 하거늘 바울이 크게 소리 질러 가로되 네 몸을 상
> 하지 말라 우리가 다 여기 있노라 하니 간수가 등불을 달라고 하며 뛰어
> 들어가 무서워 떨며 바울과 실라 앞에 부복하고 저희를 데리고 나가 가로
> 되 선생들아 내가 어떻게 하여야 구원을 얻으리이까 하거늘 가로되 주 예
> 수를 믿으라. 그리하면 너와 네 집이 구원을 얻으리라 하고 주의 말씀을
> 그 사람과 그 집에 있는 모든 사람에게 전하더라. 밤 그 시에 간수가 저희
> 를 데려다가 그 맞은 자리를 씻기고 자기와 그 권속이 다 세례를 받은 후
> 저희를 데리고 자기 집에 올라가서 음식을 차려 주고 저와 온 집이 하나님
> 을 믿었으므로 크게 기뻐하니라. (행 16:27-34)

지진이 나고 옥터가 움직이고 문이 다 열린 것을 자다가 깨어 보게
된 간수가 자살하려고 칼을 빼들었습니다. 당시 로마의 법에는 간수
가 죄수를 놓칠 경우 죄수의 형량을 간수가 대신 받아야 했습니다. 사
도행전 12장 19절에 베드로를 놓친 간수가 헤롯에 의해 죽임을 당하
는 장면이 나옵니다. 이런 엄한 법 때문에 빌립보 감옥의 간수가 자결
하려고 한 것입니다. 그때 바울이 "네 몸을 상하지 말라. 우리가 여기
있노라!"라고 크게 소리를 질러 자결을 막았습니다. 바울과 실라를
확인한 간수가 바울과 실라 앞에 무릎을 꿇고 "선생들아 내가 어떻게
하여야 구원을 얻으리이까?"라고 물었습니다. 완전히 전세가 역전된
것입니다.

찬송은 이렇게 전세를 역전시키는 힘이 있습니다. 종이 주인 되게
하며, 낮은 자가 높임 받게 하는 힘이 있습니다. 구원의 길을 묻는 간

수에게 바울이 외쳤습니다. "주 예수를 믿으라. 그리하면 너와 네 집이 구원을 얻으리라." 이 말씀을 듣고 간수의 모든 가족들이 그날부터 예수를 믿고, 세례를 받고, 구원을 받는 놀라운 은총을 받게 되었습니다. 그 집에 큰 기쁨이 임했다고 성경은 증거하고 있습니다. 한밤중 깊은 감옥 속에서 부른 찬송의 파장이 지진을 일으키고 빌립보 간수의 가정을 구원하게 만든 능력이 된 것입니다. 이것이 바로 찬송의 능력입니다.

지금으로부터 2,860년 전에 남유다 왕국은 4대왕 여호사밧 왕이 다스리고 있었습니다. 평안한 땅에 전쟁의 흑운이 몰아닥쳤습니다. 모압과 암몬과 세일산 사람이 연합하여 유다왕국을 쳐들어 온 것입니다.

비상시국을 맞이하여 기도회가 열렸습니다. 기도하던 중 야하시엘이라는 선지자가 예언을 하기를 "이 큰 무리를 인하여 두려워하거나 놀라지 말라! 이 전쟁이 너희에게 속한 것이 아니요 하나님께 속한 것이니라.", "너희는 성가대를 앞세우고 나아가라!" 이 예언을 듣고 여호사밧 임금은 성가대에 가운을 입히고 적군을 향해 나아갑니다. 믿음이 좋은 것인지 사람이 덜 떨어진 것인지 모르겠으나 아무튼 성가대를 앞세우고 찬송을 부르며 적진을 향해 나아갔습니다. 이렇게 무모한 짓이 어디 있겠습니까? 죽으려면 무슨 짓을 못하겠습니까? 그런데 놀라운 일이 일어났습니다.

> 그 노래와 찬송이 시작될 때에 여호와께서 복병을 두어 유다를 치러 온
> 암몬 자손과 모압과 세일산 사람을 치게 하시므로 저희가 패하였으니
>
> (대하 20:22)

무슨 까닭인지 찬송을 들은 연합군 진영에 자중지란이 일어났습니다. 처음에 모압과 암몬이 세일산 거민을 쳐서 진멸하더니 그 다음에는 모압과 암몬 군대가 피차 살육하다가 전멸하고 말았습니다. 그래서 그 골짜기의 이름을 '브리가 골짜기'(찬양의 골짜기)라 부르게 되었습니다. 골짜기와 같이 험한 인생길에서도 찬양하면 대적이 물러갑니다. 하나님께서 건져 주시고 형통케 하십니다. 이것이 바로 찬양의 힘입니다. 승리해서 찬송하는 것이 아니라 찬송하면 승리하는 것입니다.

우리의 인생을 가로막는 대적은 언제나 있습니다. 그러므로 언제나 찬양해야 합니다. 찬양은 새 이스라엘 된 모든 성도들이 마땅히 할 일입니다. 찬양을 기뻐 받으시는 하나님께서 찬양하는 자들에게 힘을 주십니다. 문제를 해결해 주십니다. 대적을 물리쳐 주십니다. 찬양의 힘으로 고난을 극복하고 닫힌 문을 열고 대적을 물리치는 능력 있는 그리스도인들이 되어야 합니다.

나는 보혈의 힘을 믿는다

보혈은 죄 사함을 통한 영원한 구원의 능력이다 레 17:11, 히 13:11-15

"짐승의 피로도 죄를 씻을 수 있다. 하물며 흠이 없고 점이 없는
어린양 같은 그리스도의 보배로운 피가 어찌 우리를 죄에서 구원치 못하겠는가?"

기독교는 피의 종교입니다. 로마가 기독교를 핍박할 때 기독교를 혹세무민하고 사람을 잡아 피를 나누어 먹는다고 악의의 소문을 퍼뜨렸습니다. 그들은 기독교인들이 갖는 성찬식에서 예수님의 살과 피를 기념하여 떡과 포도주를 나누는 것을 피를 마신다고 악의적으로 소문을 내고 핍박의 명분을 삼았던 것입니다. 기독교 교리의 중심에는 기독론(基督論, Christology)이 자리 잡고 있습니다. 기독론은 예수 그리스도에 관한 신학 이론으로 중심 논제는 그리스도의 인격에 있어서 신성과 인성의 결합에 관한 것을 다루는 학문입니다.

그런데 기독론의 초점은 성육신과 대인속죄론입니다. 성육신(成肉身, Incarnation)은 하나님이 인간의 몸을 입고 세상에 오신 것을 말하고, 대인속죄론(對人贖罪論, Atonement)은 대가를 지불함으로써 죄와 속박에서 해방되고 구원을 얻는 것으로 예수께서 십자가에 못 박혀 피 흘려 죽으심으로써 인류의 죄를 속량한 것을 말합니다. 현재 세상의 법에서 보석금을 내고 감옥에서 나오는 것도 이와 같은 제도의 일종입니다.

구약에서는 사람이 하나님께 죄를 용서받거나 하나님과의 교제를 회복하기 위해 동물을 희생 제물로 해서 제사를 드렸습니다. 그러나 그것은 완전한 속죄라기보다는 예수 그리스도의 완전한 속죄를 위한 그림자였던 것입니다. 예수님께서 십자가에서 피 흘려 죽으심으로 많은 사람의 대속물이 되셨습니다.

인자가 온 것은 섬김을 받으려 함이 아니라 도리어 섬기려 하고 자기 목숨을 많은 사람의 대속물로 주려 함이니라. (마 20:28)

기독교를 '피의 종교'라 함은 이와 같은 배경을 가지고 있기 때문입니다. 그렇다고 한다면 피는 어떻게 이루어진 물질일까요? 피는 적혈구, 백혈구, 혈소판, 혈장으로 이루어져 있습니다. 사람은 몸무게의 8%정도의 피를 가지고 있으며 이 중에 20%만 손실되면 생명에 지장을 받게 됩니다. 피는 1분에 온몸을 한 바퀴 돌면서 각 기관에 영양을 공급하고 체온을 유지시키는 역할을 합니다. 사람은 본능적으로 피의 소중함을 잘 알고 있습니다.

어렸을 적에 친구들과 싸울 때, 잘 싸우다가도 코피가 터져 앙하고 울면서 엄마를 찾아 집으로 돌아가곤 했습니다. 어린아이 하나가 빗길에 미끄러져 무릎에 빨갛게 피가 흐르자 울면서 엄마에게 쪼르르 달려갔습니다. 울면서 피가 나오는 무릎을 보이는데 엄마가 보니까 그것은 피가 아니라 빨간 장미 꽃잎이었습니다. 피라고 생각하면 겁을 먹고 울었던 경험이 누구나 한 번쯤은 있었을 것입니다. 이렇게 어렸을 떠부터 피가 생명임을 본능적으로 느끼는 것입니다.

2차 세계 대전 때 독일군이 벨기에와 폴란드를 침공하면서 유럽 전체가 전쟁의 참화에 휩싸이게 되었습니다. 유럽의 강국으로 지도력을 발휘하던 영국은 위기에 처하게 되었습니다. 그래서 체임벌린 수상이 물러가고 처칠이 수상에 오르면서 국방장관을 겸임하게 되었습니다. 1940년 5월 13일 영국하원에서 처칠 수상이 취임 연설을 했습니다. 그때 그의 연설을 통해 영국 국민들이 힘을 얻고 일치단결하여 독일과 대항하게 되는 계기가 되었습니다. 그가 한 연설의 내용은 다음과 같습니다.

"나는 의회 앞에서 내가 이 정부 각료에 대하여 말한 것과 똑같은 다음의 말씀을 드리겠습니다. 나는 피와 수고와 눈물과 그리고 땀 이외에 아무것도 바칠 것을 갖고 있지 않습니다."

전장이라는 위기를 당해서 피와 수고와 눈물과 땀 이외에 또 무엇을 바칠 것이 있겠습니까? 이렇게 나라를 위해 피를 바치겠다는 처칠의 연설에 영국 국민들이 감동을 했습니다. 너도 나도 군대에 자원입대하고 고난에 동참하여 영국은 마침내 2차 대전에서 승리할 수 있었습니다.

사람들은 피를 보면 흥분합니다. 격투기를 보면서 선수들이 피를 흘리면 군중들은 흥분하여 함성을 지르고 응원을 합니다. 그러면 선수들은 죽을 힘을 다하게 되고 승리하게 됩니다. 피는 소중한 것이고 피는 힘의 원천이자 생명의 근원입니다.

인생의 3대 액체가 있습니다. 바로 피와 땀과 눈물입니다. 인생의 3대 액체를 흘릴 때 흘릴 줄 아는 사람이 인생의 성공자요, 인류의 공헌자요, 나라의 애국자가 되는 것입니다.

피에는 생명이 있다

아담과 하와는 두 아들을 낳았습니다. 첫째 아들은 가인이요, 둘째 아들은 아벨입니다. 가인은 농사를 지었고 아벨은 양을 쳤습니다. 가인은 땅의 소산으로 제물을 삼아 여호와께 드렸고, 아벨은 양의 첫 새끼를 잡아 여호와께 드렸습니다. 그런데 하나님께서 아벨과 그 제물은 기뻐 받으셨으나 가인과 그 제물은 받지 않으셨습니다. 가인이 심히 분하여 안색이 변했습니다. 하루는 가인이 동생 아벨을 들로 불러내어 돌로 쳐 죽였습니다.

하나님께서 가인에게 "네 아우 아벨이 어디 있느냐?"라고 물으셨습니다. 그러자 가인이 시치미를 딱 잡아떼고는 "내가 어떻게 압니까? 내가 아우를 지키는 사람입니까?"하고 모른 체했습니다. 그때 하나님께서 말씀하셨습니다.

> 가라사대 네가 무엇을 하였느냐 네 아우의 핏소리가 땅에서부터 내게 호소하느니라. 땅이 그 입을 벌려 네 손에서부터 네 아우의 피를 받았은즉 네가 땅에서 저주를 받으리라. (창 4:10-11)

이 말씀에서 보는 바와 같이 피에 생명이 있습니다. 피가 하나님께 호소하고 무고히 피를 흘리는 자는 저주를 받게 될 것을 말씀하고 있습니다. 하나님께서 홍수의 심판 후에 인류의 새로운 시조가

된 노아에게 언약을 하실 때에도 피를 흘리지 말 것을 엄하게 말씀
하셨습니다.

> 무릇 사람의 피를 흘리면 사람이 그 피를 흘릴 것이니 이는 하나님이 자기
> 형상대로 사람을 지었음이니라. (창 9:6)

다윗처럼 하나님 마음에 합한 인물도 전쟁에 피를 많이 흘렸더니
하나님께서 성전을 짓는 것을 허락하지 않으셨습니다.

> 여호와의 말씀이 내게 임하여 이르시되 너는 피를 심히 많이 흘렸고 크게
> 전쟁하였느니라. 네가 내 앞에서 땅에 피를 많이 흘렸은즉 내 이름을 위
> 하여 전을 건축하지 못하리라. (대상 22:8)

다윗이 얼마나 성전을 건축하고 싶어했는가 하는 것은 그가 준비한
내용을 보면 짐작이 갑니다.

> 다윗이 명하여 이스라엘 땅에 우거하는 이방 사람을 모으고 석수를 시켜
> 하나님의 전을 건축할 돌을 다듬게 하고 다윗이 또 문짝못과 거멀못에 쓸
> 철을 한 없이 준비하고 또 심히 많아서 중수를 셀 수 없는 놋을 준비하고
> 또 백향목을 무수히 준비하였으니 이는 시돈 사람과 두로 사람이 백향목
> 을 다윗에게로 많이 수운하여 왔음이라. 다윗이 가로되 내 아들 솔로몬이
> 어리고 연약하고 여호와를 위하여 건축할 전은 극히 장려하여 만국에 명
> 성과 영광이 있게 하여야 할지라. 그러므로 내가 이제 위하여 준비하리라
> 하고 죽기 전에 많이 준비하였더라. (대상 22:2-8)

이렇게 완벽한 준비를 갖추고도 하나님께서 너는 피를 많이 흘렸기
때문에 성전을 건축하지 못한다 하시니 눈물을 머금고 솔로몬에게
그 역사를 넘기게 된 것입니다. 그렇게까지 하신 이유가 무엇일까요?

피에는 생명이 있고, 피가 죄를 속하는 역할을 할 만큼 귀중한 것이
기 때문입니다. 여기에서 생명 존중 사상이 담겨 있습니다. 피에 생명
이 있기 때문에 타인의 생명을 해치는 것은 물론이고 다른 동물의 피
를 먹는 것도 엄격히 금했습니다.

이 말씀을 오늘까지 그대로 받아들여 선지국을 먹지 않는 분들도 있
습니다. 심지어 여호와의 증인은 수혈을 거부합니다. 그래서 심각한
수술을 앞두고 수혈을 거부함으로 죽어가는 일이 발생하게 됩니다.
우리는 여기에서 의미를 취해야 합니다. 피에는 생명이 있습니다.
생명은 하나님께서 창조하신 것입니다. 따라서 모든 생명은 하나님
께 속한 것입니다. 그러기에 피를 함부로 흘리게 하거나 먹는 것은 하
나님의 창조 질서를 짓밟고 생명을 소멸하는 것이 됩니다. 그래서 생
명 존중 차원에서 사람을 죽이고 상하게 하는 전쟁이나 싸움, 또는 사
형 같은 것을 반대하고, 모든 생명을 보호하고 존중하는 것이 그리스
도인의 올바른 태도인 것입니다.

힘없는 사람들이 약자라는 이유만으로 인권을 유린당하고 착취당하고 박해받는 것을 하나님이 가장 싫어하십니다. 그래서 하나님께서 친히 고아와 과부의 아버지가 되시고 나그네와 이방인의 고통을 신원하신다고 성경은 강조하고 있습니다. 그런 의미에서 우리 교회에서는 베트남 형제들과 태국 형제들을 위하여 예배드리고 무료 진료를 해 주고 사랑을 실천하는 일련의 행위들을 하나님께서 크게 기뻐하실 줄 믿습니다.

피에는 생명이 있습니다. 죽어가던 사람도 피를 수혈 받으면 벌떡 일어납니다. 무죄한 피를 흘리는 일이 이 땅에서 사라지도록 그리고 참혹한 전쟁과 싸움이 사라지도록 기도하며 생명을 지키며 존중하는 하나님의 자녀들이 되어야 합니다.

짐승의 피로 드리는 속죄의 제사

제사의 3대 요소가 있습니다. 제주(祭主), 제관(祭官), 제물(祭物)입니다. 구약의 제사는 제사를 드리는 사람이 반드시 제물을 가지고 제관 앞에 나와야 했습니다. 이때 제물의 종류는 소, 양, 염소, 비둘기와 같은 여러 짐승이었습니다.

직분에 따라, 제사의 종류에 따라 차이가 있었지만 죄를 용서 받기 위해 드리는 속죄제(贖罪祭, Sin offering)는 반드시 동물로 희생 제사를 드려야 했습니다. 직분에 따라 속죄 제물의 종류도 달랐습니다. 제사장과 회중은 수송아지, 족장은 숫염소, 평민은 암염소나 어린양을 제물로 바쳤습니다. 제사를 지내는 사람이 제물로 드릴 짐승을 끌고 제사장 앞에 나오면 제주는 제물의 머리에 손을 얹고 기도합니다.

그러면 제사를 지내는 사람의 죄가 제물이 되는 짐승에게로 옮겨 갑니다. 이것을 죄의 전가(轉嫁, Imputation)라고 부릅니다. 죄를 짐승에게 전가시킨 후에 제사장은 그 짐승을 죽여서 그 피를 가지고 하나님께 제사를 드렸던 것입니다.

> 이는 죄를 위한 짐승의 피는 대제사장이 가지고 성소에 들어가고 그 육체는 영문 밖에서 불사름이니라. (히 13:11)

이렇게 짐승의 피로 제사를 드려 죄를 용서받고 죽음에서 구원받는 것을 보여준 제사 제도를 하나님께서 선민 이스라엘에게 세워 주신 것이 레위기의 기록입니다. 그러나 율법 이전에도 이런 속죄 제도를 믿음의 조상들은 이미 행하고 있었습니다.

특히 이스라엘 백성들이 애굽에서 430년간 노예살이를 하다가 탈출하던 날, 10가지 재앙의 마지막으로 장자를 죽이는 재앙이 임했습니다. 그때에 하나님께서 모세에게 이르시기를 이스라엘의 모든 집에는 어린양을 잡아 그 피를 문에 바르라고 명령했습니다.

> 너희 어린양은 흠 없고 일 년 된 수컷으로 하되 양이나 염소 중에서 취하고 이 달 십사일까지 간직하였다가 해 질 때에 이스라엘 회중이 그 양을 잡고 그 피로 양을 먹을 집 문 좌우 설주와 인방에 바르고 내가 애굽 땅을 칠 때에 그 피가 너희의 거하는 집에 있어서 너희를 위하여 표적이 될지라. 내가 피를 볼 때에 너희를 넘어가리니 재앙이 너희에게 내려 멸하지 아니하리라. (출 12:5-7, 13)

하나님께서 애굽의 처음 난 것은 바로의 장자로부터 옥에 갇힌 사람의 장자에 이르기까지 생축의 처음 난 것까지 모두 쳐서 죽일 때 이스라엘 집의 문설주와 인방에 바른 양의 피를 보고는 그냥 넘어갔기 때문에 이스라엘은 죽음을 면하고 출애굽하게 되었던 것입니다. 죽음이 넘어간 것을 기념하는 절기가 유월절(逾越節, Passover)이 되었으며 이스라엘의 해방절로 지켜지고 있습니다. 이렇게 짐승의 피가 속죄의 효력을 발휘하도록 하나님께서 이스라엘 백성들과 언약을 맺은 것입니다.

하나님은 이스라엘과 언약 중에 일 년에 한 차례 전 백성의 죄를 용서해 주는 날을 약속해 주셨습니다. 매년 7월 10일에 행하는 민족적 대속죄일(大贖罪日, The Day of Atonememt)입니다. 이때 대제사장은 모든 백성의 죄를 위하여 희생 제물을 바쳤습니다. 이날 희생 제물로 드리는 두 마리 염소 중 제비를 뽑힌 한 마리는 전 국민의 죄를 짊어지고 아사셀을 위하여 광야로 보내졌습니다. 광야는 마귀가 있는 곳이라 생각했기 때문입니다.(레16:6-10) 아사셀(Azazel)의 뜻은 '완전한 제거', '악마' 입니다.

> 아론은 여호와를 위하여 제비 뽑은 염소를 속죄제로 드리고 아사셀을 위하여 제비 뽑은 염소는 산대로 여호와 앞에 두었다가 그것으로 속죄하고 아사셀을 위하여 광야로 보낼지니라. (레 16:9-10)

이렇게 짐승을 대속제물로 드리는 것이 구약 제사의 모습입니다. 이것은 비단 성경만의 이야기는 아닙니다. 세계 어느 민족, 어느 문화권에서나 짐승을 잡아 피를 드리는 제사는 보편화 되어 있음을 역사를 연구해 보면 알 수 있습니다.

한자에 희생제사와 관계있는 글을 자세히 살펴보아도 그러한 내용을 찾아 볼 수 있습니다.

義 ＝ 羊 ＋ 我　　➡　　양의 피를 흘려 나를 덮을 때,
옳을의　양양　나아　　　　　의인이 될 수 있다는 뜻

이렇게 짐승의 피로 속죄의 제사를 드리는 사람의 죄를 덮어 주고 씻어 주는 역할을 했던 것입니다.

> 율법을 좇아 거의 모든 물건이 피로써 정결케 되나니 피 흘림이 없은즉 사함이 없느니라. (히 9:22)

이스라엘 백성들은 자신의 죄와 허물을 씻기 위하여 수많은 희생 제사를 드렸습니다. 여러분은 하나님 앞에 나올 때 어떤 희생의 제물을 드리며 나오십니까? 우리 모두 합당한 희생의 예물을 주님 앞에 드리고 헌신하는 그리스도인이 됩시다.

영원한 언약은 예수의 피 밖에 없다

죄를 지을 때마다 속죄의 희생 제물을 드려야 했던 이스라엘 백성은 때마다 일마다 엄청난 희생 제물을 드렸습니다. 유대역사가 요세푸스(Josephus, 38-100)는 유대 귀족 가문에서 출생하여 갈릴리 지역 사령관으로 로마와 전투 중에 포로가 되었다가 로마 황제의 수행원이 되어 유대의 반역자가 되었습니다. 그러나 「유대전쟁사」, 「유대고대사」, 「요세푸스 자서전」 등 귀중한 역사를 기록하여 남겼습니다. 그의 역사책을 보면, 예수님 당시 유월 절기에 16만 마리의 양이 제물로 희생되었다고 기록하고 있습니다.

미가서에 보면 과장법을 써서 외치는 소리가 있습니다.

여호와께서 천천의 수양이나 만만의 강수 같은 기름을 기뻐하실까 내 허물
을 위하여 내 맏아들을, 내 영혼의 죄를 인하여 내 몸의 열매를 드릴까
(미 6:7).

'천천의 수양', '만만의 강물 같은 기름'. 그런데 요세푸스의 기록
을 본 다음부터 이 기록은 과장이 아니라 실제로 수많은 양을 잡아 그
피가 강을 이루었고 그 기름이 강물을 이루었다는 것을 알게 되었습
니다.

그런데 이렇게 많은 제물을 드리고 희생의 피를 흘렸으나 그 피로
제사를 드리는 사람들의 죄를 영원히 씻고 속죄할 수 없었다는 데 큰
문제가 있습니다. 그래서 제물을 드리면서도 그들에게는 기쁨이 없
었습니다. 만족이 없었습니다. 자유함이 없었습니다. 이에 하나님께
서 일시적인 속죄요, 제한적인 속죄로는 인간에게 완전한 자유를 줄
수 없음을 생각하시고 영원한 언약을 세우셨습니다.

그러므로 예수도 자기 피로써 백성을 거룩케 하려고 성문 밖에서 고난을
받으셨느니라. 그런즉 우리는 그 능욕을 지고 영문 밖으로 그에게 나아가
자. 우리가 여기는 영구한 도성이 없고 오직 장차 올 것을 찾나니 이러므
로 우리가 예수로 말미암아 항상 찬미의 제사를 하나님께 드리자. 이는
그 이름을 증거하는 입술의 열매니라. (히 13:12-15)

짐승을 제물로 드릴 때 반드시 지켜야 할 규례는 흠이 없는 짐승이
어야 했습니다. 그런데 인간의 영원한 속죄를 위해 희생 제물을 구하
기 위해서는 인간을 드려야 했는데 인간 중에는 흠 없는 인간이 없었
습니다. 인간은 아무리 깨끗하게 살아 의인의 모습을 지녔을지라도
원죄를 물려받았기 때문입니다.

그래서 하나님께서는 남자의 씨를 받은 인간으로는 인간을 대속할 사람이 없기에 성령의 씨를 받은 하나님의 아들을 여자의 후손으로 태어나게 하셨습니다. 이것이 바로 성령으로 잉태하사 동정녀 마리아에게서 나신 예수 그리스도의 탄생입니다. 이렇게 탄생하신 하나님의 독생자 예수 그리스도께서 인류의 죄를 위해, 저와 여러분을 위해 십자가에 달려 피 흘리심으로 영원한 속죄를 이루어 주신 것입니다.

이제부터는 누구든지 그 십자가를 바라보고, 그 피를 믿는 자는 죄 씻음을 받고 영원히 사는 구속의 은혜를 얻게 된 것입니다.

짐승의 피로 죄를 씻었음을 믿었다면 흠 없는 하나님의 아들 예수 그리스도의 피야 말로 영원한 속죄를 이룰 수 있다는 것은 너무나 당연한 이치가 아니겠느냐는 말씀입니다.

죄에서 자유를 얻게 함은 보혈의 능력 주의 보혈
시험을 이기는 승리되니 참 놀라운 능력이로다.

육체의 정욕을 이길 힘은 보혈의 능력 주의 보혈
정결한 마음을 얻게 하니 참 놀라운 능력이로다.

눈보다 더 희게 맑히는 것 보혈의 능력 주의 보혈
부정한 모든 것 맑히시니 참 놀라운 능력이로다.

구주의 복음을 전할 제목 보혈의 능력 주의 보혈
날마다 나에게 찬송주니 참 놀라운 능력이로다.

(후렴) 주의 보혈 능력 있도다 주의 피 믿으오
주의 보혈 그 어린양의 매우 귀중한 피로다

(찬송가 202장, L. E. 존스)

예수 그리스도께서 흘리신 피가 보배로운 피임과 그 보혈에 능력이 있음을 믿어야 합니다. 그러므로 그 피를 믿고 그 피를 기념하는 성찬에 참예하는 것입니다.

> 예수께서 이르시되 내가 진실로 진실로 너희에게 이르노니 인자의 살을 먹지 아니하고 인자의 피를 마시지 아니하면 너희 속에 생명이 없느니라.
>
> (요 6:53)

이것은 예수님이 흘리신 보혈의 능력을 믿고 성찬에 참예하여 영적으로 주님과 하나된 상태가 될 때 영원한 생명을 얻게 된다는 예수님의 말씀입니다. 이것을 믿는 우리는 영적으로 보혈의 강물 속에 온몸을 잠그고 주님께로 나아갑니다.

보혈을 지나 하나님 품으로 보혈을 지나 아버지 품으로

보혈을 지나 하나님 품으로 한 걸음씩 나가네

존귀한 주 보혈이 내 영을 새롭게 하시네

존귀한 주 보혈이 내 영을 새롭게 하네

("보혈을 지나", 김도훈 곡)

우리는 인색하고 연약하여 형제에게 피 한 방울 나누어 주는 것에 인색한 사람들입니다. 제가 30대 후반 한참 싱싱하게 활동하던 부목사 시절에 돌보던 교구에 새로 여 집사님이 전입해 오셨습니다. 60세쯤 되신 분인데 병색이 완연했습니다. 심방을 했는데 고래등 같은 부잣집이었습니다. 이 분이 앓고 있는 병은 '루프스'라는 병으로 일명 '홍반성 난창'이라고 하는 병인데 몹시 고통이 심하고 현대 의학으로도 치료가 잘 안되는 병이었습니다. 얼마 후에 세브란스 병원에 입원하셨다고 해서 병원으로 심방을 갔더니 반갑게 손을 잡으셨습니다. 예배를 드리고 나오려고 하는데 부탁이 있다고 하시기에 말씀하시라고 했더니 "목사님 피를 수혈해 주시면 좋겠습니다."라는 것입니다. "병원에 피가 없습니까?"하고 물었더니 그게 아니라 병원의 피는 누구의 것인지 꺼림칙해서 목사님 같이 젊고 확실한 분의 피를 받고 싶다는 것입니다. 그래서 "좋습니다." 하고 옆자리에 누워 수혈을 했습니다. 그런데 아주 많이 뽑았습니다. 그러나 아무튼 보람이 있고 기분이 좋았습니다. 그 후 한 달이 채 되지 않아서 그 집사님이 직접 전화를 하였습니다. 그래서 감사 전화를 했나보다 생각했더니 그게 아니라 한 번 더 수혈을 해 달라는 것이었습니다. 흔쾌히 받아들이기에는 쉽지 않은 부탁이었습니다. 이렇게 남에게 피를 준다는 것이 어려운 일입니다.

그런데 예수님께서는 우리들을 위해 인류의 제단 갈보리 십자가에서 아낌없이 피를 흘려 주심으로 우리의 죄를 씻어 주시고 죽음에서 구원해 주셨습니다.

> 너희가 알거니와 너희 조상의 유전한 망령된 행실에서 구속된 것은 은이나 금 같이 없어질 것으로 한 것이 아니요, 오직 흠 없고 점 없는 어린양 같은 그리스도의 보배로운 피로 한 것이니라. (벧전 1:18-19)

짐승의 피로도 죄를 씻을 수 있습니다. 하물며 흠 없고 점 없는 어린양 같은 그리스도의 보배로운 피가 어찌 우리를 죄에서 구원치 못하겠습니까? "나는 보혈의 능력을 믿는다."라고 외치며 보혈의 강물을 지나 아버지 품으로 나아갑시다.

나는 사랑의 힘을 믿는다

사랑은 자기를 버리며 이루는 삶의 완성이다 **고전 13:4-7**

"사랑은 이 세상의 모든 것을 가능케 하며, 희망은 이 세상의 모든 것에 날개를 달아 준다."

한국인이라면 누구든 민족 공동체의 일원으로서 남북으로 분단된 조국의 통일을 위해 노력해야 합니다. 지금 한반도는 세계에서 가장 막강한 150만의 군사가 마주보고 총을 겨누고 있습니다. 그런가 하면 후방에는 천만의 이산가족이 실향의 아픔을 가지고 정든 땅, 사랑하는 부모 형제를 만나지 못한 한을 품은 채 나이가 많아 세상을 떠나고 있습니다. 이런 세상을 살다보니 한이 많고 증오심이 가득한 채 형제를 저주하고 반목하면서 60년을 보냈습니다.

그리스도인들은 하나님의 사랑과 예수의 향기로 미움과 증오로 가득 찬 이 땅을 갈아엎고, 민족 분단의 철조망을 걷어내며 저주의 굿판을 깨뜨려야 합니다. 사랑 없는 결혼이 비극을 잉태하는 것과 같이 민족 간 사랑 없는 통일도 더 큰 비극을 잉태할 뿐입니다. 사랑의 힘을 믿습니까? 그렇다면 통일 한국의 선봉에 서서 민족의 미래를 짊어지는 사랑의 용사들이 되어야 합니다.

하나님이 나에게 오래 참으셨기에 우리도 형제에게 오래 참는다

요즈음 세태가 가벼워져서 사람들이 도무지 참지를 못합니다. 그런데 제가 자랄 때만 해도 "참을 인(忍)자 세 개면 살인도 면한다."라고 어른들이 말씀하셨습니다. 어떻게 하면 오래 참을 수 있습니까? 사랑하면 오래 참을 수 있습니다.

1975년 8월 동해 바다로 오징어 잡으러 나간 '천왕호'라는 배가 돌아오지 않았습니다. 나중에 알고 보니 북한 경비정이 나포해서 끌고 간 것으로 밝혀졌습니다. 그 배에는 30명의 선원들이 타고 있었는데 한 명도 돌아오지 못했습니다.

22년이 지난 1997년에 김영기 할머니가 편지 한 통을 받았습니다. 북으로 끌려간 아들이 보낸 편지였습니다.

"새들도 남북을 자유로이 왕래하는데 하늘만 보고 가지 못하는 것이 원통합니다."

필적을 보니 아들의 것이 틀림없었습니다. 가슴에만 품고 살았던 아들이 살아있다는 소식을 듣게 된 김영기 할머니와 가족들은 8년간 돈을 주고 중국 교포를 여러 차례 북으로 들여보내 62세 된 아들 고명섭 씨를 탈출시켜 2005년 7월 20일, 30년 만에 서울로 오게 되었습니다. 이제 어머니는 84세 호호백발의 할머니가 되었습니다. 하루도 잊지 않고 기도한 어머니의 간절한 기다림이 아들을 철의 장막으로부터 구원할 수 있게 만들었습니다. 세상은 다 변하고, 나라도 남북

된 그들을 다 잊어버렸지만 어머니의 사랑만큼은 결코 아들을 잊지 않았습니다. 김영기 할머니는 30년의 기다림 끝에 기어코 아들을 품에 안을 수 있게 되었습니다.

"사랑은 오래 참고"라는 구절과 비슷한 말씀이 7절에 두 번이나 더 나옵니다. "모든 것을 참으며", "모든 것을 견디느니라." 이 단어들이 우리말로는 '참다', '견디다', '인내하다'와 같이 비슷한 뜻을 가진 단어지만 헬라어 원문에는 각각 다른 뜻을 가지고 있습니다.

4절의 "오래 참고"는 헬라어로 '마크로'(오래)와 '뒤메이'(노여움)가 합쳐진 말로 "상대의 나쁜 감정이나 노여움에 대해 오래 견딘다."라는 뜻입니다.

7절의 "참다"는 말은 헬라어로 '스테고'라고 하는데, '지붕'이라는 뜻의 '스테게'에서 온 말로 "지붕과 같이 상대방의 모든 허물을 덮어준다." 또는 "자신에게 해를 입힌 자에게까지 관용으로 용서한다."는 뜻입니다.

7절에 "견딘다"는 말은 헬라어로 '휘포메네이'이라 하고, 용감한 군인처럼 담대한 마음으로 인내하며 계속 전진하는 것을 뜻합니다.

사람들이 고난당하고, 핍박당하고, 억울한 일을 당할 때 미운 감정을 속에다 꾹꾹 눌러 버티다가 결국은 폭발합니다. 폭발하지 못하면 횟병이 됩니다. 정신병이 됩니다. 그런데 사랑하면 고난을 단순히 견디는 것이 아니고 포용하고 관용하고 품에 안고 꿋꿋하게 앞으로 나아갑니다. 이것이 사랑의 힘입니다.

우리는 북한에 대해 정말 오래 참았습니다. 그런데 사랑 없이 참을 때에는 마음에는 증오심이 가득 찼습니다. 평양을 전폭기로 폭격해서라도 응징해야 한다고 외쳤습니다. 그런데 사랑의 마음을 갖고 보니 헐벗고 굶주리는 내 동포를 먹이고 입혀야 되겠다는 생각이 들었습니다. 그래서 먹을 것을 보내고, 입을 것을 보내고, 전기를 보내고, 기름을 보내고, 학교를 지어 주고, 병원을 지어 주고, 주고 주고 또 주고 있습니다.

그래도 저들은 교만합니다. 무례합니다. 악한 짓을 합니다. 그럼에도 불구하고 우리는 더 사랑하고 더 오래 참아야 합니다. 악에게 지지 말고 선으로 악을 이겨야 합니다. 이것이 예수 그리스도의 큰 사랑을 받은 그리스도인들이 마땅히 해야 할 일입니다.

> 누가 이 세상 재물을 가지고 형제의 궁핍함을 보고도 도와줄 마음을 막으면 하나님의 사랑이 어찌 그 속에 거할까보냐. 자녀들아, 우리가 말과 혀로만 사랑하지 말고 오직 행함과 진실함으로 하자. (요일 3:17-18)

진정한 사랑에는 구체적 실천이 따르게 마련입니다. 하나님이 나에게 오래 참으셨기에 구원받을 것을 생각한다면 형제에 대해 오래 참을 수 있을 것입니다. 예수님의 사랑으로 원수까지, 북한의 동포들까지 사랑하며 오래 참고 섬기는 성도가 되어야 합니다.

사랑하는 사람을 위해서는 아까운 것이 없다

사랑하는 사람이 생기면 다 주고 싶어 합니다. 마음 주고, 정도 주고, 시간도 주고, 선물도 주고, 네 잎 클로버도 주고, 꽃도 주고, 카드도 주고, 모든 것을 다 주고 싶어 합니다. 그러다가 결혼하면 딱 그치는 사람이 있습니다. 늑대의 본색을 드러내는 것입니다.

사랑하는 사람에게 주는 것은 하나도 아깝지 않습니다. 세계 7대 불가사의에 하나로 꼽히는 인도의 '타지마할'이라는 묘가 있습니다. 아름답고 웅장한 건물의 묘입니다. 인도 무굴제국의 5대 황제인 샤 자한이 페르시아에서 망명한 귀족의 딸 뭄타즈 마할과 1612년에 결혼을 했습니다. 샤 자한은 용맹스러운 왕으로서 데칸 고원 일대를 정복하였습니다. 황후인 뭄타즈 마할은 미모가 뛰어나지는 않았지만 지혜가 많았고, 성격도 밝았으며, 기품 있는 예절과 교양을 갖추었다고 합니다. 샤 자한은 황후를 너무나 사랑하여 전쟁터에까지 데리고 다녔습니다. 그러나 불행하게도 뭄타즈 마할은 전쟁터에서 열네 번째 아이를 낳다가 죽었습니다. 뭄타즈 마할은 숨을 거두기 전에 샤 자한의 손을 잡고 세상에서 가장 아름다운 묘를 만들어 달라는 부탁을 했습니다. 너무 사랑했던 왕비가 죽자 샤 자한은 황후와의 약속을 지키기 위해 세상에서 가장 아름답고 불가사의한 건축물로 꼽히는 타지마할 묘를 지었습니다.

사랑하는 사람을 위해서는 아까운 것이 없습니다. 사랑하는 아들에게는 왕국이라도 물려 주고, 아끼던 보물이라도 다 물려줍니다. 물려 줄 때 아까워서 덜덜 떠는 아버지는 없습니다. 사랑의 특징은 자기의 유익을 구하지 않습니다.

무례히 행치 아니하며 자기의 유익을 구치 아니하며 성내지 아니하며 악한 것을 생각지 아니하며 불의를 기뻐하지 아니하며 진리와 함께 기뻐하고

(고전 13:5-6)

만약 그리스도께서 자기의 유익을 구하셨다면 높고 높은 보좌를 버리지 않으셨을 것입니다. 그랬다면 십자가에서 고통당하고 죽지 않으셨을 것이고, 그랬다면 인류 구원이라는 우주 최대의 사랑의 대역사를 이루지 못했을 것입니다. 이기주의는 공존의 삶을 가로막는 동시에 타인의 생명을 희생으로 살아가는 기생적인 삶을 살게 만듭니다.

그러나 사랑의 삶은 형제들을 위해 자기의 유익을 구하지 않고 희생하는 이타주의적인 삶을 가능하게 만듭니다. 세상에서 자기 유익을 구하지 않는 사랑의 원형은 어머니의 사랑입니다.

고려 시대에 시작된 제도라고 해서 고려장이라고 불리는 고약한 제도가 옛날 이 땅에 있었습니다. 한 농부가 늙고 병든 어머니를 고려장시키기 위해 어머니를 지게에 업고 깊은 산으로 올라갔습니다. 아들의 등에 업힌 어머니가 나뭇가지를 손에 닿는 대로 꺾어서 가는 길에 던졌습니다. 이를 이상하게 여긴 아들이 "어머니! 왜 나뭇가지를 꺾어서 길에 버립니까?"라고 물어보았습니다. 그러자 어머니가 말씀하시기를 "산은 깊고 날은 저무는데 행여 네가 돌아가는 길을 잃을까봐 걱정이 돼서 그런단다." 이 말을 들은 아들이 차마 어머니를 버릴 수 없어서 다시 어머니를 모시고 집으로 돌아오고 말았습니다.

한 청년이 사랑에 빠졌습니다. 그런데 사귄 처녀가 보통 악한 것이 아니었습니다. 자기를 더 사랑하는지 아니면 어머니를 더 사랑하는지를 물었습니다. "너를 더 사랑한다."고 말했더니 "그러면 어머니의 심장을 가져오라."고 말했습니다. 사랑에 눈먼 총각이 어머니를 죽이고 심장을 가지고 애인에게 가다가 그만 돌부리에 걸려 넘어지고 말 았습니다. 그때 손에 들고 있던 심장이 길바닥에 떨어지면서 하는 말이 "얘야! 어디 다치지 않았느냐?" 이것이 바로 어머니의 사랑입니다.

진정한 사랑은 자기의 유익을 구하지 않습니다. 미국도 자기의 유익을 구하고, 6자 회담에 나선 모든 나라가 자기의 유익을 구합니다. 자기의 유익을 구하는 사람들끼리 만나면 반드시 싸움이 일어날 수밖에 없습니다. 세상을 평화롭고 아름답고 화목하게 만드는 길은 자신이 손해를 보고 상대를 유익하게 하는 길밖에 없습니다.

손양원 목사님은 일제 시대 때 신사참배를 거부하다가 5년간 감옥 생활을 했습니다. 해방되자 여수 애양원으로 돌아가 나환자들과 동고동락하며 그들에게 모든 정성과 사랑을 쏟았습니다. 박옥선이라는 여자 환자가 발 밑에 난 종기 때문에 다리를 절단할 만큼 심각했을 때 손양원 목사님은 입으로 악취 나는 피고름을 빨아 주었습니다. 나병의 환부에는 사람의 침이 좋은 약이 된다고 알고 있었기 때문입니다. 손 목사님이 애양원에서 사역을 하고 있을 때 여순반란사건이 일어났습니다. 그때 공산당 앞잡이 안재선에 의해 두 아들 동인과 동신이 순교하였습니다. 반란 사태가 진압되고 자신의 아들을 죽인 안재선이 생포되었다는 사실을 알게 된 손양원 목사님은 그를 용서하고 양자로 삼으셨습니다. 손양원 목사님은 1950년 한국전쟁이 일어나서 북한군이 여수를 점령했을 때 교회를 지키다가 공산당에 체포되어 총살을 당해 순교하셨습니다. 그분의 전기는 안용준이 쓴 『사랑의 원자탄』으로 잘 알려져 있습니다. 진정한 사랑은 이와 같이 자신의 유익을 구하지 않고 형제를 위하여 목숨을 버리는 것입니다.

사람이 친구를 위하여 자기 목숨을 버리면 이에서 더 큰 사랑이 없나니
(요 15:13)

나를 아프게 한 사람이 있습니까? 나를 해롭게 한 친구가 있습니까? 나와 라이벌인 동료가 있습니까? 그를 칭찬해 보십시오. 인정해 보십시오. 삶의 평화가 찾아오고 마음에 기쁨이 넘치고 성령님이 춤추실 것입니다. 사랑의 힘으로 승리해야 합니다.

사랑은 죽음의 땅에서도 희망을 건져낸다

이 시대에 우리는 새로운 정신 운동을 요구 받고 있습니다. 그것은 영적 각성을 통해 교회가 교회다워지는 일이요, 의식 개혁을 통해 교회가 민족 공동체의 소중한 일원으로서 십자가를 지는 일입니다. 한국 기독교는 120년 전에 이 땅에 들어왔습니다. 해방 전 60년, 해방 후 60년 이렇게 120년이 되었습니다.

첫 번째 60년은 1885부터 1945년까지로 구한말 일제 강점기이며 고난과 함께 성장하던 시기입니다. 두 번째 60년은 1945년부터 2005년까지로 해방과 분단 성장과 분열을 함께 겪은 시기였습니다. 세 번째 60년은 2005부터 2065년까지로 민족의 희망이 되고 평화 통일의 시대를 열어야 할 시기입니다.

세상 사람들이 모두 어둡다고 말하고, 어렵다고 말하고, 불가능을 말한다 할지라도 우리 그리스도인들은 "여명이 밝아 온다.", "좋은 날이 온다.", "통일 한국의 시대가 도래한다."라고 희망을 선포해야 합니다.

나치 수용소에서 살아남은 사람들이 쓴 글에 보면 희망을 잃고, 의욕을 잃고, 면도도 하지 않고 덥수룩하고 꺼벙하게 옷도 꼬질꼬질 하게 입고 있는 사람들은 다 가스실로 잡혀가 죽고 말았습니다. 그런데 아침에 남보다 먼저 일어나 사금파리를 주워서라도 면도하고 옷을 다려 입고 깨끗하고 단정하게 한 사람은 건강하게 보이니까 노동을 시키려고 끝까지 살려 두었기 때문에 독일군의 패망과 함께 수용소에서 살아남게 되었습니다. 그러니까 결국은 희망이 그를 살게 한 것입니다.

모든 것을 참으며 모든 것을 믿으며 모든 것을 바라며 모든 것을 견디느니라. (고전 13:7)

'모든 것을 믿고 바란다.' 는 것은 희망 중에 거한다는 말씀입니다. 여기에서 '믿는다.' 는 말은 그리스도를 믿는 구원에 이르는 믿음을 말하는 것이 아니라 인간을 끝까지 신뢰하는 믿음을 말합니다. 즉 사랑은 좋은 때나 나쁠 때나 변치 않고 상대를 신뢰해 주는 것입니다. 또 '바란다.' 는 말도 소망을 잃지 않고 밝은 마음으로 끝까지 바라는 것을 뜻합니다.

제가 오늘 이만큼 목회할 수 있게 된 것은 어머니의 기도와 희망의 덕이었다고 간증할 수 있습니다. 저는 어머니가 40세에 난 막내입니다. 막내라 버릇도 없고 철도 늦게 났습니다. 어머니가 70세에 돌아가실 때 저는 전도사였고 아무 것도 이룬 것이 없었습니다. 신학대학원 시험에 떨어져서 재수하고 있었을 때였습니다. 그러나 어머니는 한 번도 실망하거나 저에 대한 희망을 버린 적이 없었습니다. 희망의 근거는 저를 임신했을 때 태몽을 꾸었는데 시아버지로부터 금지팡이를 받는 꿈을 꾸셨습니다. 그래서 어렸을 때 저의 별명이 금지팡이였습니다. 그러나 저는 어머니가 돌아가실 때까지 금지팡이는커녕 나무지팡이도 되지 못했습니다. 그렇지만 어머니는 한 번도 실망하지 않으셨습니다. 그리고 새벽마다 3시간씩 자녀들을 위해 기도하셨습니다. 그 기도와 희망이 오늘의 목회를 이루는 밑거름이 되었음을 고백합니다.

사랑은 이 세상의 모든 것을 가능케 하며, 희망이란 이 세상의 모든 것에 날개를 달아 줍니다. 이 나라의 완전한 통일도, 이념의 갈등도, 사랑 안에서는 가능합니다. 우리 그리스도인들이 주님이 주시는 평화와 희망을 노래하는 한 이 땅에 그리스도의 푸른 계절이 임하고, 7,000만 민족이 그리스도에게로 돌아오고, 세계 열방을 향하여 복음 전하는 제사장 나라가 되는 꿈은 가능한 것입니다.

미움과 증오를 쏘아 북한을 무너뜨릴 수는 있겠지만 그것은 더 큰 전쟁과 세계 열강을 한반도에 끌어들여 각축장으로 만드는 결과를 낳게 될 것입니다. 그러므로 하나님의 뜻은 사랑의 대포를 쏘아 저들의 완악한 마음을 녹이고 조금 더디더라도 조금씩 조금씩 다가가 함께 살 수 있음을 깨우쳐 주고 저들을 죽음의 땅에서 건져 내는 것이 우리 한국 교회의 사명입니다. 이를 위해 사랑이 필요합니다. 오래 참아야 합니다. 이익을 구하는 장사 속을 버려야 합니다. 힘들고 어려워도 끝까지 희망을 버리지 말아야 합니다.

우리가 선을 행하되 낙심하지 말지니 피곤하지 아니하면 때가 이르매 거두리라. (갈 6:9)

사랑의 힘이 원자탄보다 강함을 믿습니까? 그러면 한 번 가슴에 새 깁시다. 사랑은 오래 참습니다. 사랑은 자기의 유익을 구하지 않습니다. 사랑은 희망을 버리지 않습니다. 사랑으로 승리하고 통일 한국의 문을 여는 교회와 성도가 됩시다.

나는 소망의 힘을 믿는다

소망은 고난을 이기는 열쇠이다 롬 4:18-25

시대에 따라 언어가 변합니다. 지금 우리가 쓰는 말 중에 '조용히 해라.', '조용하다.', '조용조용' 이라는 말을 성경에서 찾아보면 한 마디도 나오지 않습니다. 그러면 성경은 시끄러운 것만 좋아해서가 아닙니다. 옛날에는 '조용하다.' 는 말을 '종용(從容)하다.' 라고 썼습니다.

희망이라는 말도 그렇습니다. 성경에 번역될 당시 희망이라고 쓰기는 썼지만 대부분 소망이라는 말을 썼습니다. 그래서 성경에 보면 소망이라는 말은 97회나 나오는데 반해 희망은 두 번 나옵니다. '소망'(所望)은 바라는 바, 어떤 일을 바라다. 현존하지는 않지만 장래에 실현될 것에 대한 기대를 일컫는 말로 성도가 갖추어야 할 필수적인 특성입니다. '희망'(希望)은 '소망을 가지고 기대하여 바람, 앞일에 대한 소원, 기대할 때 일어나는 감정' 을 말합니다. 헬라어나 영어에서는 원래 소망이나 희망이나 똑같이 사용되는 말입니다. 소망(희망)은 헬라어로 '엘피스' 라 하고, 영어로는 'hope' 라는 단어로 씁니다.

저는 희망과 소망을 이렇게 해석합니다.

"희망은 막연한 앞날에 대한 소원이라고 한다면 소망은 어떤 장소를 바라보는 것이다. 즉 천국을 바라보는 것을 소망이라고 한다."

그래서 저는 소망을 더 좋아하고 기독교적인 용어라고 생각합니다.

역사상 위대한 인물들은 희망에 대해 많은 말을 했습니다.

"세상에서 행해지는 모든 것은 희망에 의해서 행해진다. 옥수수가 자라서 열매를 맺을 것을 희망하지 않는다면 어떤 농부도 씨를 뿌리지 않을 것이다. 어떤 장사꾼도 이익을 얻을 것을 희망하지 않는다면 일을 시작하지 않을 것이다."

마르틴 루터(종교개혁자)

"희망은 가난한 자의 빵이다."

탈레스(고대 그리스 철학자)

탈레스의 말대로라면 빵이 없어 굶는 것이 아니라 희망이 없어 굶는 것입니다.

"생명이 있는 한 희망이 있다."

세르반테스의 「돈키호테」 중에서

희망이 있습니까? 그러면 생명이 있는 것입니다. 희망이 없습니까? 그러면 살아 있으나 죽은 것입니다.

"희망이란 눈 뜨고 있는 꿈이다."

아리스토텔레스

꿈쟁이가 되시기 바랍니다. 용꿈, 돼지꿈을 말하는 개꿈쟁이가 아니라, 희망을 말하는 진정한 꿈쟁이가 되시기 바랍니다.

"희망은 어두운 데로 손을 내미는 믿음이다." 프랜시스 베이컨(영국의 철학자)

"희망은 믿음의 어머니이다."

아우구스투스 바톨디 (프랑스 조각가, 미국 뉴욕의 자유의 여신상 건축)

"희망은 무엇인가? 희망은 어떤 것이 이루어지기를 바라는 것이고, 신앙은 그것이 이루어질 것을 믿는 것이다. 희망은 어떤 것을 매우 열심히 원함으로써 당신이 그것을 얻지 못하리라는 모든 증거에도 불구하고 당신이 계속 그것을 원하게 만든다. 여기에서 주목할 만한 것은 희망하는 이 행동 자체가 일종의 힘을 만들어 낸다는 것이다."

노만 빈센트 필(목사, 『적극적 사고방식』의 저자)

소망과 믿음의 관계를 생각해 보겠습니다. 소망의 어머니는 믿음이고, 소망의 아들은 인내이고, 소망의 형제는 사랑입니다. 이것을 그림으로 그리면 다음과 같습니다.

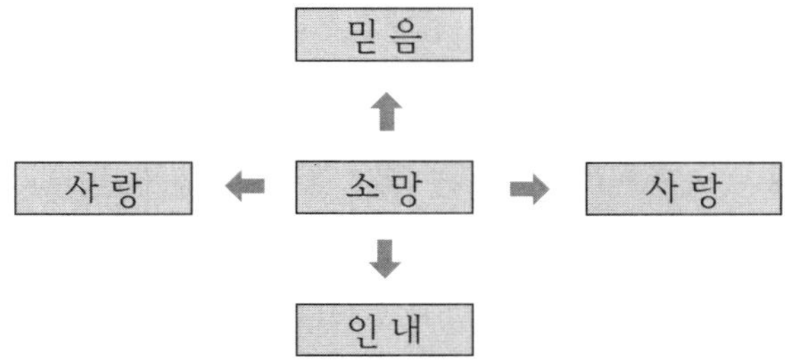

소망을 갖는 사람은 역사를 변화시킬 수 있습니다. 큰 일을 행할 수 있습니다. 믿음의 역사를 일으킬 수 있습니다.

지금으로부터 125년 전에 일본 북해도에 있는 삿포로농업대학에 윌리엄 클라크(William Clark)라는 미국 선교사가 와서 식물학 교수를 하다가 8개월 만에 돌아가게 되었습니다. 그가 떠나면서 학생들에게 마지막 말을 남겼습니다.

"Boys, be ambitious!"

"청년들이여, 대망을 품으라!"

이 한 마디가 그 학생들의 마음에 깊이 새겨졌습니다. 그중에서 일본의 지도자들이 많이 나왔습니다. 그중에서 우찌무라 간조(內村鑑三)라는 영적인 지도자도 나왔습니다.

우찌무라 간조는 삿포로농대를 졸업하고 미국으로 유학하여 매사추세츠 주에 있는 에머스트 대학을 졸업하고 하트포드 신학대학을 졸업했습니다. 학문을 마치고 일본으로 돌아온 우찌무라는 독립전도자로 활동하면서 무교회주의를 주장했습니다. 또한 일본의 전쟁을 반대 운동을 주장하며 살아있는 일본의 양심적 지성인으로서 추앙을 받았습니다. 당시 김교신, 함석헌, 최태용 등 그의 제자가 한국의 무교회주의 운동을 주도했습니다.

이렇게 믿음으로 소망을 갖고 행동하면 큰 일을 할 수 있습니다. 그리스도인들은 큰 믿음을 갖고 소망을 품어야 합니다. 그리고 힘차게 주의 일을 행하는 일꾼들이 되어야 합니다.

그리스도인들이 확실한 믿음만 가지고 있다면 모든 것을 다 잃어버려도 희망을 가지고 감사하며 살 수 있습니다.

헬렌 켈러(Helen Keller)는 어릴 때 앓게 된 열병 때문에 보지도 못하고, 듣지도 못하고, 말하지도 못하게 되었습니다. 그런데 그녀가 일곱 살 때 앤 설리번(Anne Sullivan) 선생을 만나 교육을 받아 점자를 익히고 말을 하게 되었습니다. 설리번 선생의 헌신적인 교육으로 헬렌 켈러는 래드클리프 대학을 우등으로 졸업하고, 53세에 법학 박사가 되었을 뿐 아니라 미국 최고 훈장을 받았습니다. 그녀는 불행한 사람들을 위한 교육에 일생을 바쳤습니다. 그녀는 이런 말을 했습니다.

"육체적인 맹인보다 더욱 불쌍한 것은 마음속에 빛을 가지고 있지 않는 사람이다."

또한 헬렌 켈러가 쓴 '3일 동안만 볼 수 있다면' 이라는 글이 있습니다.

"만약 내가 이 세상을 사는 동안에 유일한 소망이 하나 있다고 한다면 그것은 죽기 전에 꼭 3일 동안만 눈을 뜨고 보는 것입니다.

만약 내가 눈을 뜨고 볼 수 있다면 나는 나의 눈을 뜨는 그 첫 순간 나를 가르쳐 주고 교육을 시켜 준 나의 선생님 앤 설리번을 손끝으로 만져서 그의 인자한 얼굴, 그리고 그의 아리따운 몸매를 몇 시간이고 물끄러미 보면서 그의 모습을 나의 마음속 깊이 간직해 두겠습니다.

다음엔 나의 친구들을 찾아가고, 그 다음엔 들로 산으로 산보를 나가겠습니다.

바람에 나풀거리는 아름다운 나무 잎사귀들, 들에 피어 있는 예쁜 꽃들과 풀들, 그리고 저녁이 되면 석양에 빛나는 아름다운 노을들을 보고 싶습니다.

다음날 이른 새벽에는 먼동이 트는 웅장한 장면, 아침에는 메트로폴리탄에 있는 박물관, 오후에는 미술관, 그리고 저녁에는 보석 같은 밤하늘의 별들을 보면서 또 하루를 지내고,

마지막 날에는 일찍 일어나 큰 길가에 나가 출근하는 사람들의 얼굴 표정들, 아침에는 오페라 하우스, 오후에는 영화관에 가서 영화를 감상하고, 그러나 어느덧 저녁이 되면 나는 건물들이 숲을 이루고 있는 도시 한 복판으로 나와서 네온사인이 반짝이는 거리, 쇼윈도에 진열되어 있는 아름다운 상품을 보고 집에 돌아와 내가 눈을 감아야 할 마지막 순간에, 나는 이 3일 동안만이라도 볼 수 있게 하여 준 나의 하나님께 감사하다고 기도를 드리고 영원히 암흑 세계로 돌아가겠습니다."

(헬렌 켈러, "3일 동안만 볼 수 있다면")

가슴이 찡하지 않습니까? 소망 중에 승리한 헬렌 켈러야 말로 위대한 신앙인입니다.

아브라함이 바랄 수 없는 중에 바라고 믿었으니 이는 네 후손이 이 같으리라 하신 말씀대로 많은 민족의 조상이 되게 하려 하심을 인함이라. 그가 백 세나 되어 자기 몸의 죽은 것 같음과 사라의 태의 죽은 것 같음을 알고도 믿음이 약하여지지 아니하고 믿음이 없어 하나님의 약속을 의심치 않고 믿음에 견고하여져서 하나님께 영광을 돌리며(롬 4:18-20)

아브라함의 믿음에 관한 설명입니다. '바랄 수 없는 중에 바란 것'이 아브라함의 믿음입니다. 이 믿음은 다른 표현으로는 소망이라고

합니다. 여기에서 '바라봄의 법칙'을 발견할 수 있습니다. 바라봄의 법칙은 병든 자가 건강한 사람으로 회복되는 모습을, 가난한 자가 부요케 되는 모습을, 그리고 교회는 늘 부흥하고 성장하는 모습을 바라보며 끊임없이 기도하는 것을 말합니다. 하나님은 아브라함에게 동서남북을 바라보라고 하셨습니다. 하나님께서 아브라함에게 바라봄의 법칙을 가르쳐 주셨습니다.

> 롯이 아브람을 떠난 후에 여호와께서 아브람에게 이르시되 너는 눈을 들어 너 있는 곳에서 동서남북을 바라보라. 보이는 땅을 내가 너와 네 자손에게 주리니 영원히 이르리라. (창 13:14-15)

소망 중에 바라보면 하나님께서 반드시 이루어 주십니다. 100세의 할아버지와 90세의 할머니, 죽을 날만 기다리는 노부부가 도저히 바랄 수 없는 아들에 대한 소망이 얼마나 뚜렷한지 믿음이 약해지지 않았습니다. 의심도 하지 않았습니다. 오히려 믿음이 더 견고해졌습니다. 결국 이삭을 낳게 되었고, 하나님은 약속에 신실하신 분이라고 간증하며 찬송하였더니 하나님께서 영광을 받으셨다는 말씀입니다.

> 믿음은 바라는 것들의 실상이요 보지 못하는 것들의 증거니 (히 11:1)

눈으로 환하게 볼 수 있거나 손으로 만져서 알 수 있는 것들은 소망의 대상이 될 수 없습니다. 그리스도인의 소망은 세상보다는 하나님을 믿으며, 감각보다는 성령을 믿으며, 현재보다는 미래를 믿는 것입니다. 지금 아무것도 바랄 수 없는 상황에 놓여 있습니까? 소망의 눈을 열어 보시기 바랍니다. 겨자씨에서 나무를 보고, 포도씨앗에서 포도원을 보는 소망의 사람들이 됩시다.

절망은 희망의 또 다른 얼굴이다

사람들이 고난을 당했을 때 두 가지 종류의 반응이 나타납니다. 대부분의 사람들은 왜 하필이면 나만 재수 없게 이런 고난을 당하냐고, 하나님이 살아 계시다면 이럴 수가 없다고 원망하며 술 마시고, 신세 한탄하고, 자포자기하다가 인생이 무너지고 맙니다. 그런데 소수의 사람들은 '고난 속에 뜻이 있지 않겠는가?' 하면서 폭풍을 헤치고 나아갑니다. 그러면 어느새 절망이 바뀌어 희망으로 다가오게 됩니다.

"절망은 희망의 또 다른 얼굴이다."

2000년 6월 29일 오전 10시 25분, 서해 북방한계선 인근에서 북한 경비정이 갑자기 우리 경비정 참수리 357호를 기습 공격하여 침몰시킨 사건이 있었습니다. 월드컵 4강의 기적에 들떠 있던 온 국민에게 찬물을 끼얹은 사건이었습니다. 이 공격으로 6명이 전사하고 10여 명이 부상을 당했습니다.

이때 부정장이었던 이희완 대위는 오른쪽 다리를 잃었습니다. 병원에서 정신을 차렸을 때에 세상에 살기가 싫었고 장애인으로 살아갈 길이 막막했습니다. 아홉 차례 수술 끝에 의족을 달고 퇴원한 후 해군 사관학교 연구원으로 복직을 했습니다. 그때 그는 이런 다짐을 했습니다. 나는 혼자의 목숨이 아니다. 참수리호와 함께 죽어 간 6명의 동료들의 삶을 대신해서 사는 것이다. 그리고 기운을 내서 열심히 살아가게 되자, 자원하여 아내가 되어 줄 여인이 생겼고 결혼을 했습니다.

지금은 서울대학교 대학원 심리학 석사 과정에서 위탁 교육을 받고 있습니다.

희망은 인간을 성공으로 인도하는 신앙입니다. 희망이 없으면 아무 것도 이룰 수 없습니다. 인간의 성격은 편안한 생활 속에서는 발전할 수가 없습니다. 시련과 고생을 통해서 인간의 정신은 단련되고 또한 어떤 일을 똑똑히 판단할 수 있는 힘이 길러지는 것입니다. 그때 더욱 큰 희망을 품고 성공할 수 있습니다. 소망을 하나님께 두는 것이 바로 흔들리지 않고 목표를 이룰 수 있는 길입니다.

약속하신 그것을 또한 능히 이루실 줄을 확신하였으니(롬 4:21).

약속하신 것은 반드시 이루어 주시는 하나님이십니다. 하나님께서 는 능치 못할 일이 없으십니다. 그것을 믿고 소망을 하나님께 두면 결 코 흔들리지 않습니다.

불행한 소녀가 있었습니다. 그녀는 하루 종일 방직 공장에서 일했 습니다. 소녀는 지긋지긋한 가난에서 벗어나 쌀밥에 고깃국을 먹어 보는 것이 소원이었습니다. 큰오빠는 잔칫집에서 얻어 온 상한 음식 을 먹고 숨졌고, 둘째 오빠는 굶주린 가족을 위해 피를 팔아 쌀을 사 왔습니다. 이런 상황 속에서도 소녀는 결코 희망을 잃지 않았습니다.
"내게는 무한한 능력이 있다. 역경을 극복하면 반드시 희망을 이루 게 될 것이다."
이렇게 다짐하면서 방직 공장에서 운영하는 야간 학교를 다니며 꿈을 키웠습니다.

그녀는 교회에서 노래 연습을 열심히 한 끝에 음대 성악과에 진학했습니다. 대학을 졸업한 다음 오스트리아로 유학을 가서 빈 음악 대학을 수석으로 졸업했습니다. 그리고 자신의 모교 교수로 금의환향했습니다. 바로 창원대학교 이점자 교수의 이야기입니다. 그녀는 모진 고난과 시련 속에서도 결코 소망을 꺾지 않았습니다.

성공한 사람들은 어떤 상황 속에서도 소망을 잃지 않습니다. 그러나 실패한 사람들은 미풍에도 몸을 떱니다. 사람의 운명은 시련 앞에서 어떤 반응을 보이느냐에 따라 확연하게 달라집니다.

나치 독일의 처참한 유대인 수용소에서 살아남아 유명한 정신 분석 심리학자가 된 분이 있습니다. 빅터 프랭클(Viktor Frankl)은 유대인 수용소에서 직접 겪으면서 관찰한 것을 바탕으로 『죽음의 수용소에서』, 『삶의 의미를 찾아서』라는 책을 써서 유명해진 학자입니다. 빅터 프랭클에 의하면, 수용소에서 살아남은 사람은 건강한 사람도 아니고, 영양 상태가 좋은 사람도 아니고, 머리가 좋은 사람도 아니라 소망을 끝까지 잃지 않았던 사람들이었다고 합니다. 자기 혼자 소망을 가진 것이 아니라 절망 속에 있는 이웃을 도와주고 소망을 갖도록 격려하던 사람들이 몸도 마음도 가장 건강한 상태를 유지하며 살아남았다는 것입니다.

소망은 확신을 낳습니다. 소망은 환난의 미친 바람이 우리를 넘어뜨리지 못하도록 방지해 줄 수 있는 능력을 지니고 있습니다. 진정한 소망은 인내를 낳습니다.

다만 이뿐 아니라 우리가 환난 중에도 즐거워하나니 이는 환난은 인내를,
인내는 연단을, 연단은 소망을 이루는 줄 앎이로다. (롬 5:3-4)

진정한 소망을 가진 자는 가뭄 속에서도 인내하는 농부들처럼 흔들리지 않습니다. 진정한 소망을 가진 자는 불신 세상에서 하나님의 뜻을 전하는 선지자처럼 흔들리지 않습니다. 진정한 소망을 가진 자는 극한 고통 속에서도 욥처럼 흔들리지 않습니다.

주께서 심지가 견고한 자를 평강에 평강으로 지키시리니 이는 그가 주를
의뢰함이니이다. (사 26:3)

소망 중에 인내하며 주를 의지함으로 결코 흔들리지 말아야 합니다. 세상 흔들리고 사람들 모두 떠나도 주를 바라보고 의지해야 합니다. 주께서 붙들어 주시고 참된 평강에서 평강으로 인도해 주시기를 간구해야 합니다.

밤바다를 헤쳐 나가면 찬란한 태양 아래 소망의 항구에 도달한다

소망이 중요한 이유는 구원과 관계되기 때문입니다. 세상에 고난이 없는 인생은 하나도 없습니다. 석가모니는 구원의 문제를 해결하지 못해서 그렇지 인생의 본질은 잘 깨달았습니다. 그는 인생을 고통의 바다를 항해하는 것이라고 말했습니다. 인생의 고통의 바다에는 '생로병사의 네 단계'가 있습니다. 이것은 누구나 해당됩니다. 여기에서 벗어날 인간은 없습니다. 고난은 잊어버리라고 해서 잊을 수 있는 것

이 아닙니다.

고난은 통과해야 하는 것입니다. 그러면 고난을 어떻게 통과할 수 있습니까? 밤바다를 항해하는 배를 생각해 봅시다. 앞을 봐도 깜깜한 바다, 뒤를 봐도 칠흑 같은 바다, 아래를 봐도 검푸른 바다입니다. 그때 하늘을 바라보면 북쪽에서 빛나고 있습니다. 그것이 바로 북극성입니다. 선장은 그것을 보며 방향을 잡습니다. 그리고 밤바다를 헤쳐 나아가다 보면 동녘에 찬란한 태양이 떠오르고 소망의 항구에 도달하게 되는 것입니다.

밤하늘에 반짝이는 별은 무엇을 상징합니까? 예수님입니다. 예수님만이 우리의 유일한 소망입니다. 소망을 가진 사람은 큰 풍랑 속에서도 즐거워하고 기뻐할 수 있습니다. 믿음의 결국은 영생이기 때문입니다.

> 그러므로 이것을 저에게 의로 여기셨느니라. 저에게 의로 여기셨다 기록된 것은 아브라함만 위한 것이 아니요, 의로 여기심을 받을 우리도 위함이니 곧 예수 우리 주를 죽은 자 가운데서 살리신 이를 믿는 자니라. 예수는 우리 범죄함을 위하여 내어줌이 되고 또한 우리를 의롭다 하심을 위하여 살아나셨느니라. (롬 4:22-25)

아브라함에게 좋은 환경만 있었던 것은 아닙니다. 언제나 하나님께서 음성을 들려주시고 성령께서 푸른 초장 쉴 만한 물가로 인도해 주신 것은 아닙니다. 90세가 넘은 부부만 사는 가정에 웃음이 있었겠습니까? 대화가 있었겠습니까? 손을 잡는다고 전기가 통했겠습니까? 인간적으로 볼 때 모든 희망이 끊어진 가정이었지만 그들에게는 믿음이 있었습니다. "사람으로서는 할 수 없지만 하나님께서는 능히 하실 수 있다.”는 믿음이 있었습니다. ‘바랄 수 없는 중에 바랐던’ 그 믿음을 하나님께서 가상히 보시고 의롭다고 인정하셨습니다. “의로 여기셨다.”는 말은 의인으로 인정했다는 뜻입니다. 이것을 신학적으로는 ‘의인’(義認, Justification)이라고 합니다. 하나님께서 예수 그리스도의 완전한 의를 근거로 하여 죄인을 의롭다고 선언하시는 하나님의 법적 행위를 말합니다. 다른 말로 ‘칭의’라고도 합니다. 의인은 소극적인 면에서는 ‘죄의 용서’, 적극적인 면에서는 ‘하나님의 자녀가 되고 영생을 얻게 되는 것’입니다.

23절 이하에 놀라운 말씀이 기록되어 있습니다. 아브라함이 의롭다고 인정받게 된 사건은 아브라함만을 위한 것이 아닙니다. 누구든지 믿음을 가지고 소망 중에 사는 사람은 의롭다고 인정받게 된다는 것을 가르쳐 주기 위함입니다.

사람들은 구약 시대에는 율법을 준수할 때 의롭다함을 받는 것으로 알고 있습니다. 본문에서 사도 바울은 그것이 아니라고 합니다. 아브라함 때에는 율법이 없었는데 어떤 율법을 준수해서 의롭다고 인정받느냐는 것입니다. 바로 아브라함이 믿음으로 의롭다고 인정을 받은 것처럼 지금 우리들도 믿음으로 의롭다고 인정받게 된다고 말씀을 가르치고 있습니다.

다만 아브라함 시대에는 하나님을 믿고 하나님과 직통했다고 한다면 오늘날의 성령 시대, 교회 시대에는 예수님을 통하여 하나님을 믿는 것이 달라졌습니다. 그것에 대해서 24절, 25절이 증거하고 있습니다.

우리가 믿는 것은 예수님입니다. 또 예수님을 우리의 범죄를 위하여 십자가에 내어 주시고 또한 부활시키신 하나님을 믿는 것입니다.

독생자 예수를 나의 구원자로 보내신 하나님을 믿는 것입니다. 이 믿음을 가지고 있다면 의인으로 인정받고, 구원을 받고 하나님의 자녀가 되어 영원히 천국에서 살게 됩니다. 그러니 이런 축복을 받은 사람이 작은 일에 실망하고 좌절하고 낙망할 수 있습니까? 절대 없습니다. 늘 기뻐하고 즐거워할 수 있습니다. 이것이 소망 있는 믿음의 결론입니다. 그러니까 소망의 결국은 의인이라고 말할 수 있는 것입니다.

믿음 ➡ 의인 ➡ 구원 ➡ 자녀 ➡ 천국 ➡ 영생

믿음은 소망을 낳고, 소망은 인내를 낳고, 결국 의롭다 인정받게 되는 것입니다. 소망은 인생 성공의 원동력입니다. 뿐만 아니라 영적인 성공의 필수 요소입니다.

당신은 소망을 가지고 있습니까? 절망적 상황 속에서도 희망을 잃지 마시기 바랍니다.

시각 장애인 강영우 박사는 미국의 백악관 국가장애위원회 정책 차관보에 올랐습니다. 그는 고난 속에서 주님의 얼굴을 보았고 인간의 한계 상황 속에서 주님의 음성을 들었습니다. 그는 예수님을 붙들고 희망 중에 살아 장애의 절망에 빠진 사람들에게 희망의 빛이 되었습니다. 소망이 있는 자는 결코 흔들리지 않습니다. 예수 소망을 가진 자는 진정으로 의롭다 인정받고 구원받아 영생 복락을 누리게 됩니다.

우리가 소망으로 구원을 얻었으매 보이는 소망이 소망이 아니니 보는 것
을 누가 바라리요. 만일 우리가 보지 못하는 것을 바라면 참음으로 기다
릴지니라. (롬 8:24-25)

우리는 소망의 힘을 믿고 환경을 극복하고 인생의 승리자가 되어야
합니다. 믿음을 불태우며 구원의 확신을 전파하는 능력 있는 성도가
됩시다.

나는 성육신의 힘을 믿는다

성육신은 인간으로 오신 하나님이다 사 40:1-5

"예수님이 없는 곳에는 참된 평화가 없다. 예수님이 계신 곳에만 참된 평화가 찾아온다."

제가 자랄 때 '앙꼬 없는 찐빵'이라는 말이 유행했습니다. 그러더니 한 십 년 전에는 '붕어빵 속에 붕어가 없고', '시민단체에 시민이 없다.'는 말이 유행했습니다. 그런데 요즘 성탄절의 모습을 보니 예수님이 실종되고 말았습니다. 언제부터인가 성탄절에 아기 예수 나심을 기다리기보다는 산타클로스를 기다리고, 사랑을 나누기보다는 화려한 선물을 기다리는 세태가 되어 버리고 말았습니다. 성탄절에 예수님이 없습니다.

어떤 문화선교회에서 중고등학생을 대상으로 다음과 같은 설문조사를 했습니다. "크리스마스를 생각하면 가장 먼저 떠오르는 것은?"이라는 질문에 대하여 그 대답으로 산타클로스 29.9%, 크리스마스 트리 13.4%, 선물 10.7%, 눈 10.2%, 예수님 7.2%, 크리스마스 씰 5%,

크리스마스 이브 3%, 교회 2.1%로 응답 결과가 나왔습니다. "크리스마스는 어떤 날인가?"라는 질문에 대해서는 예수님의 생일 47.1%, 선물 받는 날 또는 노는 날 등은 52.9%로 나타났습니다. "크리스마스 때 가장 하고 싶은 것은 무엇인가?"라는 질문에 대해서는 이성 친구와 데이트 28.9%, 교회 행사 참석 10%, 불우 이웃 돌보기가 10%였습니다. 언제부터인가 성탄절은 예수님께서 우리를 위해 이 땅에 오신 날이 아니라 사람들이 먹고 마시고 즐기는 축제로 변했습니다.

더욱 놀라운 것은 교회에 다니는 학생들에게 똑같은 질문을 했는데 다음과 같은 통계가 나왔습니다. "크리스마스에 가장 먼저 떠오르는 것은?"이라는 질문에 대해 산타클로스 27.8%, 예수님 14.8%, 크리스마스 트리 14.8%, 크리스마스 이브 9%, 루돌프 9%, 선물 7.8%, 눈 7.8%, 교회 6.1%로 나왔습니다. 이것은 교회 교육에 큰 허점이 드러난 통계입니다. 이런 통계가 정말이라면 큰일이 아닐 수 없습니다.

돌잔치에 자주 가게 되는데 갈 때마다 엄마 아빠는 사진 찍고 손님을 맞이하느라 분주한데 주인공인 아기는 익숙지 않은 분위기에 낯선 사람들이 떼거리로 몰려오고 평소 입지 않던 옷을 입히니 편치 않고 피곤해서 울다가 잠들곤 하는 것을 봅니다. 그래서 항상 주인공과는 상관없는 잔치가 됩니다. 지금의 성탄절도 그런 모습입니다.

성탄절을 말하는 크리스마스(Christmas)는 'Christ' 라는 말과 'mas' 라는 말이 합쳐져서 '그리스도께 드리는 미사' 라는 뜻을 갖고 있습니다. 역사상 성탄절을 지키기 시작한 때는 서기 354년 로마 교회의 리베리우스 교황 때부터였습니다. 우리나라에서는 1885년 선교사에 의해 시작되었습니다. 이렇게 오랜 역사를 가지고 지켜 온 성탄절이지만 오늘날 그 위상이 흔들리고 있습니다. 이것은 비단 우리나라만의 문제가 아니고 전 세계적인 추세이기도 합니다.

세계에서 크리스마스 카드를 가장 많이 보내는 사람이 누구인지 아십니까? 바로 미국의 조지 부시 대통령입니다. 2005년에 140만 장을 보냈다고 합니다. 그런데 그 내용 속에 '크리스마스'라는 말 대신에 '해피 홀리데이'(즐거운 휴일)라는 말을 사용하여 기독교계의 비난을 받았습니다. 그렇게 쓰게 된 까닭은 크리스마스가 단순한 휴일이나 축제로 변질된 문화를 반영하는 것입니다.

'예수님 없는 성탄절', '아기 예수 없는 구유'에 주인공을 모시기 위해 잃어버린 크리스마스를 찾는 운동을 전개해야 할 것입니다. 성탄절에는 주인공되시는 예수님을 중심에 모시고 지켜야 하겠습니다.

기쁨을 회복시켜 주기 위해 오신 하나님

'세상을 살아가는 것이 이렇게 어려운 것이구나!' 하는 것을 몇 살에 느꼈느냐에 따라 인생이 달라집니다. 부모님을 잘 만나 어려움 없이 지낸 사람은 어려움을 늦게 느낄 것입니다. 또 조실부모하고 소년소녀 가장으로 뼈아픈 고생을 할 수밖에 없었던 성장 환경을 가졌다면 일찍이 어려움을 느꼈을 것입니다. 일찍 느꼈든, 늦게 느꼈든 인생의 짐은 세월이 갈수록 점점 무겁게 느껴지게 마련입니다.

육체적인 질병으로 인한 고통, 물질로 인해 겪는 배고픈 설움, 관계 갈등으로 인해 파괴된 가정으로 인한 고통, 사랑하는 이를 먼저 보낸 고통 이런 것들을 한 가지씩 가지고 있지 않는 사람이 어디 있을까요? 요즈음에는 각박한 사회 환경으로 인해 대한민국 남자들이 겪는 직장 생활과 사업의 어려움은 말로다 형용할 수 없을 정도가 되었습니다. 문명이 발달하고 사회가 진보하면 이런 어려움이 점점 해소될 것이라고 생각했는데 오히려 가난했던 옛날보다 더 살기가 어려워진 것같이 느껴집니다.

찬송가 가사가 생각납니다.

'이 땅 위에 험한 길 가는 동안 참된 기쁨이 어디 있나.'

그렇습니다. 기쁘게 살아야 할 세상에서 기쁨을 잃어버린 사람들에게 기쁨을 회복시켜 주시기 위해 예수님께서 이 땅에 오신 것입니다.

> 너희 하나님이 가라사대 너희는 위로하라. 내 백성을 위로하라. (사 40:1)

위로를 받을 곳 없이 흑암에 처한 이스라엘 백성들과 온 인류를 위하여 예수님은 이 땅에 오셨습니다. '위로'라는 말은 헬라어로 '파라칼레오'라고 하고, '곁에 부르다.'라는 뜻입니다. 세상에 있는 것은 그 어떤 것으로도 사람의 근본적인 슬픔과 고통과 문제를 해결할 수 없습니다. 인간의 근본 문제를 해결해 주기 위하여 우리 곁에 하나님이 인간의 몸을 입고 오셨습니다.

> 보라 처녀가 잉태하여 아들을 낳을 것이요 그 이름은 임마누엘이라 하리라 하셨으니 이를 번역한즉 하나님이 우리와 함께 계시다 함이라.
> (마 1:23)

하나님께서 우리 곁에 오셔서 우리의 아픔과 고통을 위로해 주시기 위해 인간의 몸을 입으신 것입니다. 이것을 신학적으로 '성육신'(成肉身)이라고 말합니다. 영어로는 'Incarnation'이라 하고, 헬라어로는 '임마누엘'(Immanuel)이라 합니다. 어릴 때 아파서 누워 있을 때 엄마가 곁에서 이마에 손을 얹어 주시고, 손을 꼭 잡아 주시고, 배를 문질러 주실 때 그렇게 든든할 수가 없었습니다. 그러다 잠이 들었다가 깨어났을 때 엄마가 곁에 없으면 아이는 울면서 바로 엄마를 찾게 됩니다. 그러다 엄마가 달려오면 서러워서 더 크게 웁니다. 그러면 엄마가 아이를 가슴에 꼭 안아줍니다.

이런 어머니의 모습으로 예수님은 이 땅에 오신 것입니다. 오시되 왕국에 오시지 않았습니다. 부잣집에 오시지 않았습니다. 오시되 마구간에 오셨습니다. 이것은 가장 가난한 자들, 천한 자들과 같이 계신 것을 알려 주기 위함입니다. 태어나자마자 헤롯의 박해를 피해 애굽으로 피난 가신 것도 고생하는 이들과 함께 함을 알게 하려 하심이었습니다.

애굽에서 돌아오신 후에도 예수님은 고관대작이 있는 예루살렘이 아니라 갈릴리로 가셨습니다. 그중에서도 선한 것이 나올 수 없을 만큼 벽촌인 나사렛에서 자라신 것도 가난한 이들의 위로자이심을 나타내신 것입니다. 자라시면서 고상하고 품위 있는 랍비나 서기관이 아니라 목수로 땀 흘려 일하신 것은 고생하며 노동하는 사람들의 위로자이심을 나타내신 것입니다. 이렇게 하나님께서 낮아질 대로 낮아지신 것은 모든 슬픔과 고통으로 마음 상한 이들과 같이 계신 것을 보여 주신 것입니다.

이런 성육신의 의미를 깨달은 사람은 광야에 홀로 선 것 같은 고독 속에서도 절망하지 않습니다. 내 곁에 주님이 함께 계심을 믿기 때문입니다. 세상 사람들이 모두 다 나를 외면한다 할지라도 주님이 곁에 계신 것을 느끼는 한 결코 좌절하지 않습니다. 실패의 눈물을 흘릴 때에도 주님이 곁에서 함께 눈물 흘림을 믿게 된다면 다시 일어설 수 있을 것입니다. 이러한 위로자가 되시는 주님을 만난 사람은 세상에서 절망하고 고통하는 사람에게 다가가 주님의 위로를 전할 수 있습니다.

> 우리에게 있는 대제사장은 우리 연약함을 체휼하지 아니하는 자가 아니요, 모든 일에 우리와 한결같이 시험을 받은 자로되 죄는 없으시니라.
>
> (히 4:15)

슬픈 마음이 있습니까? 예수님을 마음의 주인으로 모시기 바랍니다. 주님의 위로가 비둘기 같이 임하게 될 것입니다. 그 위로가 넘칠 때 위로가 필요한 사람에게 다가가 주님의 위로를 전하는 위로자가 되어야 합니다.

우리 죄를 짊어지기 위해 오신 구원자

해마다 성탄 절기가 되면 전국 200여 곳에서 구세군의 자선냄비가 자선의 손길을 기다리며 딸랑! 딸랑! 종소리를 울립니다. 2005년 자선냄비 중에 가장 고액을 넣은 사람이 일산에서 나왔습니다. 12월 16일 그랜드 백화점 앞에 설치된 자선냄비에 주위를 살피던 한 중년의 부인이 1,000만 원짜리 수표 3장을 누가 볼세라 자선냄비 속에 얼른 집어 넣었습니다. "매서운 한파로 모금이 저조하다는 소식을 듣고 나왔다."라며 "있는 자가 없는 자를 도와주며 더불어 살아가면 좋겠다."라고 짧게 말한 뒤 총총히 사라졌습니다. 참으로 천사 같은 마음을 가진 분입니다. '가난은 나라도 구하지 못한다.' 라고 했지만 이런 따뜻한 사랑의 마음이 가난으로 얼어붙은 마음을 녹여줄 수 있을 것입니다.

기독교는 나눔의 종교가 되어야 합니다. 하나님께서 우리를 위해 인간의 모습으로 오셔서 자신을 나누어 주셨기 때문입니다.

> 인자가 온 것은 섬김을 받으려 함이 아니라 도리어 섬기려 하고 자기 목숨을 많은 사람의 대속물로 주려 함이니라. (마 20:28)

예수님께서 자신이 이 땅에 오신 목적을 밝힌 말씀인데 자신은 섬김을 받으려고 온 것이 아니고 섬기려 왔다고 말씀하셨습니다. 그래서 예수님은 하나님을 지극정성으로 섬기며 예배하셨고, '아버지의 뜻대로 하옵소서.' 라고 기도하며 고난의 잔을 드셨습니다. 그리고 제자들을 섬기셨습니다. 제자들의 발을 씻어 주시면서 너희들도 이렇게 살라고 당부하셨습니다.

> 너희가 나를 선생이라 또는 주라 하니 너희 말이 옳도다. 내가 그러하다. 내가 주와 또는 선생이 되어 너희 발을 씻겼으니 너희도 서로 발을 씻기는 것이 옳으니라. 내가 너희에게 행한 것 같이 너희도 행하게 하려 하여 본을 보였노라. (요 13:13-15)

또 예수님께서 자신의 목숨을 많은 사람의 대속물(代贖物, Redeem)로 주려고 왔다고 말씀하셨습니다. 대속물은 죄와 속박에서 해방되고 구원 얻기 위하여 대가로 지불하는 돈이나 물건이나, 희생 제물을 말합니다. 예수님은 어린양과 같이 자신을 인류의 제단에 대속물로 드려 우리를 죄에서 구원하시기 위해 이 땅에 오신 것입니다. 그래서 예수님의 탄생을 '성탄', 곧 '거룩한 탄생'이라고 말하는 것입니다. 왕자로 태어났다고 성탄이라고 말하지 않습니다. 부자로 태

어났다고 성탄이라고 말하지 않습니다. 지혜자로 태어났다고 성탄이
라고 말하지 않습니다. 거룩한 죽음을 위하여 태어나셨기에 성탄이
라고 말하는 것입니다. 이것은 이사야 선지자 때로부터 예언되었던
것입니다.

1차적으로 복역의 때는 바벨론 포로 생활을 뜻하는 것이요, 2차적
으로는 마귀의 종노릇하던 죄의 포로 생활을 뜻하는 것입니다.

죄악의 사함을 받고 복역이 끝났다는 것은 예수님께서 대속물이 되
셔서 우리의 죄를 짊어지심으로 우리의 신분이 죄인에서 의인으로
바뀌게 됨을 의미합니다. 2005년 성탄절 특사로 풀려나온 사람들 중
에 사형수에서 감형되어 무기징역을 살다가 모범수로 20년 만에 복
역을 마치고 풀려나온 사람이 있습니다. 이런 사람은 정말 이 말씀의
의미를 실감할 것입니다.

우리는 죄악으로 인해 사형 선고를 받은 사람이었습니다. 그런데
예수님께서 대신 죄를 짊어지심으로 우리의 죄악이 사함을 입고 복
역을 끝내게 된 것입니다. 이것을 위해 주님이 오셨습니다. 그래서 우
리는 성탄절을 기쁨으로 맞이하는 것입니다. 그러므로 우리는 이 성
탄의 기쁨을 알지 못하는 이들에게 전해야 합니다.

"인간이 신을 안 믿게 되면 모든 걸 믿게 된다."　　G. K. 체스터턴, 영국 작가

자신을 대속물로 주셔서 인간을 구원하기 위해 오신 예수님을 믿지 않으십니까? 그 주인공의 생일날에 엉뚱하게 산타클로스만 기다리고, 애인만 기다리고, 사고치는 것이 영적으로 무지한 인간들의 행태입니다. 그러므로 이 진리를 깨달은 우리 그리스도들은 이 복음을 전해야 합니다.

아들을 낳으리니 이름을 예수라 하라. 이는 그가 자기 백성을 저희 죄에서 구원할 자이심이라 하니라. (마 1:21)

예수님은 저와 여러분을 죄에서 구원하시기 위해서 이 땅에 대속물로 오신 하나님의 아들이십니다. 그러므로 예수님의 탄생이 우리에게 기쁨의 좋은 소식이 된 것입니다. 이 구원의 복된 소식을 온 세상에 전하는 복음의 전령자들이 되어야 합니다.

참된 평화를 주시기 위해 오신 하나님

인류의 역사는 분열과 투쟁의 역사입니다. "유사 이래 지구상에 전쟁이 없었던 해는 10년도 되지 않을 것이다."라는 역사가들의 말과 같이 지구상에는 전쟁이 끊이지 않고 있습니다. 이제는 삶 자체가 전쟁이 되어 출근 전쟁, 교통 전쟁, 무역 전쟁, 입시 전쟁과 같이 모든 것이 전쟁이 되어 버리고 말았습니다. "사람은 평화 원하지만 전쟁의 소문은 늘어만 가는 것"이 인간의 삶의 현주소입니다.

해마다 인류의 평화를 위해 노력한 이들을 뽑아 노벨 평화상을 수여하지만 오늘도 지구상에는 전쟁과 테러 그리고 폭력과 억압은 사라지지 않고 더해 가고 있습니다. 이런 세상에 예수님께서 평화의 왕으로 오셨습니다.

> 외치는 자의 소리여 가로되 너희는 광야에서 여호와의 길을 예비하라. 사막에서 우리 하나님의 대로를 평탄케 하라. 골짜기마다 돋우어지며 산마다, 작은 산마다 낮아지며 고르지 않은 곳이 평탄케 되며 험한 곳이 평지가 될 것이요, 여호와의 영광이 나타나고 모든 육체가 그것을 함께 보리라. 대저 여호와의 입이 말씀하셨느니라. (사 40:3-5)

옛날이나 지금이나 임금이나 대통령 같은 최고 통치자가 지나가게 되면 그 전에 그 길을 보수하게 마련입니다. 패인 웅덩이를 메이고 험한 길을 평탄케 하여 임금님이 행차하시기에 불편이 없도록 온갖 조치를 다 취하게 마련입니다. 이 말씀은 예수님이 이 땅에 오셔서 세상의 모든 불평등과 다툼과 부조화를 물리치고 세상을 평등하고 평화롭고 조화를 이룬 세상으로 만드실 것을 예언하고 있는 말씀입니다. 예수님이 오심으로 세상 사람들 간의 신분 차별의 벽이 무너졌습니다. 인간 사회 어느 곳이든 신분의 차별이 엄격하게 존재하고 있습니다. 예수님께서 이것을 없애버리셨습니다. 당시에 천대 받던 세리와 죄인의 친구가 되셨습니다.

> 바리새인들이 보고 그 제자들에게 이르되 어찌하여 너희 선생은 세리와 죄인들과 함께 잡수시느냐. 예수께서 들으시고 이르시되 건강한 자에게는 의원이 쓸 데 없고 병든 자에게라야 쓸 데 있느니라. (마 9:11-12)

사람들이 멀리하던 환자들과 심지어 문둥병자들을 가까이 하시고 고쳐 주셨습니다. 뿐만 아니라 사람 취급도 하지 않고, 함께 대화도 하지 않고, 함께 먹지도 않고, 자리하지도 않는 사마리아인과 대화하시고 사마리아 땅을 여행하셨습니다. 그리고 당시 사람 취급도 하지 않던 아이들도 품에 안으시고 축복해 주셨습니다. 그리고 여자들을 존중해 주셨습니다. 그래서 기독교가 들어가는 곳마다 인권이 신장되고, 신분의 귀천을 가리지 않고, 직업의 귀천을 따지지 않게 되니 산업이 부흥하게 되고 나라가 부강하게 된 것입니다.

19세기 미국의 대부흥 운동의 주역은 드와이트 무디(Dwight Moody)였습니다. 그런데 무디가 부흥회를 하면 꼭 생키(Sankey, Ira David 1840-1908)라는 복음성가 가수를 앞세워 찬양을 했습니다. 그의 찬양은 사람들의 영혼에 큰 감동을 주었습니다. 우리 찬송가에 그의 작곡이 8편이나 수록되어 있습니다.(191, 342, 349, 391, 397, 412, 478, 535장) 생키가 증기선을 타고 멜러웨어 강을 여행할 때가 마침 12월 24일 크리스마스 이브였습니다. 사람들이 생키가 배에 탄 것을 알고 노래를 불러달라고 요청했습니다.

생키가 '목자의 노래'라는 캐럴을 불렀습니다. 그러자 한 사나이가 달려 나와 말했습니다.

"당신은 남북전쟁 때 북군에 있었죠, 나는 당신을 기억합니다. 세상에 이럴 수가 있나?"하면서 사나이가 흥분한 목소리로 말했습니다.

생키가 "내가 북군에 종군한 것은 사실이지만 나는 당신을 본 기억이 없는데 어떻게 나를 아시오?"하고 반문하자 그가 기막힌 이야기를 했습니다.

"1862년 크리스마스 이브였습니다. 나는 남군의 척후병으로 북군 진지에 접근했습니다. 달이 밝아 마치 낮처럼 환한 밤이었습니다. 한 북군 병사가 언덕에서 보초를 서고 있었습니다. 그래서 나는 조금 더

접근해서 총을 겨누었습니다. 그런데 그 병사가 노래를 시작했습니다. 그 노래는 당신이 지금 부른 '목자의 노래'였습니다. 그 목소리가 지금도 생생한데 바로 지금 당신의 목소리입니다. 그 노래를 들었을 때 그리운 어머니와 동생들 그리고 교회의 친구들과 크리스마스의 추억이 떠올랐습니다. 당신이 2절을 부를 때 나는 당신을 적으로 생각할 수 없었습니다. 하나님을 열심히 믿는 나의 어머니께서 "살아서 돌아오기를 기도하겠다."라고 하셨는데 저 노래하는 북군의 어머니도 같은 기도를 드릴 것을 생각하니 방아쇠를 당길 수 없어 그냥 돌아오게 되었습니다."

생키는 자신이 크리스마스 이브에 보초 섰던 일을 기억했습니다. 두 사람은 얼싸안고 눈물을 흘리며 하나님께 감사하며 평화의 왕으로 오신 목자 예수님을 찬양했습니다.

성육신하여 세상에 오신 예수님을 생각할 때마다 우리가 찬양하며 평화를 전하며 얼싸안아야 할 대상이 너무나 많습니다. 남북이 얼싸안고, 동서가 얼싸안고, 노소가 얼싸안고, 보수와 진보가 얼싸안고, 빈부가 얼싸안고, 노사가 얼싸안고, 사제가 얼싸안고, 반목하고 다툼하던 모든 나라 족속들이 얼싸안고, 화해하며 평화를 노래하는 날이 되어야 하겠습니다.

> 홀연히 허다한 천군이 그 천사와 함께 있어 하나님을 찬송하여 가로되 지극히 높은 곳에서는 하나님께 영광이요 땅에서는 기뻐하심을 입은 사람들 중에 평화로다 하니라. (눅 2:13-14)

예수님은 하나님께는 영광, 땅에는 평화를 전하기 위해 이 땅에 오셨습니다. 예수님이 없는 곳에는 참된 평화가 없습니다. 예수님이 계신 곳에만 참된 평화가 찾아옵니다. 위로자로 오신 예수님을 모시고 위로받고 위로하며, 구원자로 오신 예수님을 모시고 구원받고 구원의 소식을 전하며, 평화의 왕으로 오신 예수님을 모시고 평화를 누리며, 평화를 전하는 평화의 사도가 되어야 합니다.

나는 전도의 힘을 믿는다

전도는 예수 그리스도의 지상 명령이다 눅 10:1-20

"하나님은 전도하는 자를 가장 기뻐하신다.

우리를 통해 불신 영혼들을 전도하게 하시려고 교회를 세우셨다."

하나님께서 인간에게 내리신 명령 중에 두 가지 중요한 명령이 있습니다.

첫째는 문화 위임 명령입니다. 인간만이 영과 육이 온전하게 하나님의 형상대로 창조되었으며 하나님께서 인간에게 전 우주 및 피조계에 대한 대표권과 통치권을 주셨습니다. 따라서 인간은 자연을 마음껏 향유하고 정복할 권리와 자연을 잘 가꾸어 하나님께 영광을 돌릴 의무를 갖게 되었습니다.

하나님이 그들에게 복을 주시며 그들에게 이르시되 생육하고 번성하여 땅에 충만하라, 땅을 정복하라, 바다의 고기와 공중의 새와 땅에 움직이는 모든 생물을 다스리라 하시니라. (창 1:28)

이 말씀에 근거하여 인간은 학문을 하고 경제생활을 영위하며, 교

영혼을 구원하는 믿음

육과 치안 등의 사회생활과 신앙생활 등의 문화활동을 해야 합니다.

두 번째는 지상 최대의 명령(The Great Commission)으로 신약 시대에 예수님께서 내리신 명령입니다. 주님께서 부활하여 승천하시면서 자신이 이루시고 확증하신 구속의 소식 곧 복음을 당신이 다시 오시는 그날까지 최선을 다해 땅 끝까지 전할 것을 명하셨습니다.

> 예수께서 나아와 일러 가라사대 하늘과 땅의 모든 권세를 내게 주셨으니 그러므로 너희는 가서 모든 족속으로 제자를 삼아 아버지와 아들과 성령의 이름으로 세례를 주고 내가 너희에게 분부한 모든 것을 가르쳐 지키게 하라. 볼지어다. 내가 세상 끝 날까지 너희와 항상 함께 있으리라 하시니라.
>
> (마 28:18-20)

이것은 명령이기 때문에 지켜도 좋고 지키지 않아도 괜찮은 것이 아니라 반드시 지켜야 하는 것입니다. 그래서 지상 최대의 명령을 보면 연속되는 4개의 명령문으로 되어 있습니다.

1. 가라
2. 제자를 삼으라
3. 세례를 주어라
4. 가르쳐 지키게 하라

이 명령은 타협의 여지가 없습니다. 명령을 따라 실천이 있을 뿐입니다. 명령에는 반드시 상벌이 따르게 되어 있습니다. 명령에 목숨을 바쳐서 충성하면 훈장이 있고 명예가 뒤따릅니다. 그러나 명령에 불복종하면 징계가 있고 불명예를 얻게 됩니다.

교회의 존재 목적은 무엇입니까? 구원받은 백성들이 모여 하나님을 예배하며 세상 끝날까지 모든 사람들에게 구원의 복음을 전하여 그들을 하나님의 백성으로 만들고 그들을 통하여 세상 만물을 그리스도 안에서 통일하여 하나님께 영광을 돌리는 것입니다. 간단하게 말하면 교회의 사명은 예배와 전도입니다. 예배와 전도를 위해 교육도 하고 친교도 하고 봉사도 하는 것입니다. 그래서 교회의 5대 본질 혹은 사명이 있는데 그 순서는 항상 예배와 전도가 먼저입니다. 그 다음이 교육, 봉사, 친교입니다.

그런데 이 본질적 사명인 전도에 대해 부담을 갖는 사람들이 많습니다. 전도를 굉장히 어렵게 생각합니다. 그것은 지극히 당연한 일입니다. 명령이라는 것은 쉬운 것이 없습니다. 쉬운 것은 부탁하지 명령하지 않습니다. 어렵기 때문에 명령하는 것입니다. 그러나 명령에 복종하면 반드시 응분의 대가가 따르기 마련입니다.

전도의 방법은 여러 가지가 있으나 크게 두 가지로 나눕니다. 첫째는 직접 전도로 "예수 믿고 천국 가십시오."라고 직설적으로 전하는 것입니다. 둘째는 간접 전도로 "교회 다니면 좋아요.", "행복해요."라고 간접적으로 전하는 것입니다. 전도하는 사람들이 고안한 방법에 따라 여러 가지 전도 방법이 있습니다.

이슬비 전도는 이슬비처럼 촉촉이 적셔가면서 점점 은혜의 강물 속에 빠져 들게 하는 방법을 말합니다. 고구마 전도는 고구마가 익었나 확인할 때 젓가락으로 찔러보듯이 자꾸 찔러보는 방법을 말합니다. 처음에 "예수 믿습니까?" 하고 찔러보고 잘 안 들어가면 "예수 믿으면 좋습니다."라고 전합니다. 그래도 안 들어가면 "그래도 믿어야 합니다."라고 전하고, 그래도 안 들어가면 "당신을 위해 기도하겠습니다."라고 말합니다. 그래도 안 들어가면 또 만나서 찔러보면서 끈질기게 전도하는 방법입니다. 진돗개 전도도 나왔습니다. 한 번 물면 절대 놓지 않고 교회 나올 때까지 계속 전도하는 것을 말합니다. 발바닥 전도도 있습니다. 발바닥이 닳도록 뛰어다니며 전도하는 것입니다. 생활 전도도 있습니다. 생활의 모범을 통해, 섬기고 대접하는 생활을 통해 형제와 이웃을 점차적으로 변화시키고 전도하는 방법을 말합니다.

전도에 왕도는 없습니다. 중요한 것은 방법이 아니라 실천하는 것입니다. 전도는 주님의 지상 명령입니다. 전도하면 상급을 받습니다. 전도자에게는 능력을 주십니다. 우리 모두 전도하여 하나님의 기쁨이 되고 교회 부흥의 주인공이 되어야 합니다.

전도자는 하나님 나라의 대사이다

대사라는 직업은 외교관들에게 선망의 대상입니다. 대사라는 직업은 고대로부터 그 역사를 찾아 볼 수 있습니다. 대사라는 직업이 겉으로 보기에는 화려합니다. 늘 파티에 나가고 기자 회견을 하고 상류층의 삶을 무대로 살아갑니다. 그러나 그 주어진 업무를 수행하기 위해서 받는 스트레스와 의무와 책임은 엄청난 것입니다. 국익을 위해 말한 마디도 신중해야 합니다. 조그마한 실수도 용납되지 않습니다. 그러므로 오랜 경륜을 갖춘 사람만이 감당할 수 있는 자리입니다.

옛적에 사신은 위험한 일을 무릅써야 했습니다. 임진왜란을 지원했던 명나라가 임진왜란을 통해 국력이 소진되고 곳곳에서 반란이 일어나 힘을 잃어 갈 때에 만주에서 누르하치가 일어나 후금이라는 나라를 세우고 명나라와 겨루게 되었습니다. 이때 명나라를 섬기고 있던 조선에 용골대라는 후금의 장수가 사신으로 와서 명나라를 섬기지 말고 후금을 섬길 것을 요구했습니다. 인조 임금은 신하들과 머리를 맞대고 어전회의를 하는데 홍익한 등 척화파들이 사신 용골대의 머리를 베고 후금과 전쟁을 선포해야 한다고 목소리를 높였습니다. 이 낌새를 챈 용골대가 밤중에 걸음아 나 살려라 하고 도망쳐서 겨우 목숨을 건지고 본국에 돌아갔습니다. 후금은 국호를 청으로 바꾸고 이것을 복수하기 위해 1636년 12월에 청나라의 태종이 10만 대군을 거느리그 쳐들어 온 것이 바로 병자호란입니다. 아무런 방비가 없었던 인조대왕은 1637년 1월 20일에 삼전도에서 굴욕적으로 항복을 했습니다. 이렇게 용골대와 같이 사신은 때로 죽음을 무릅써야 하는 직업입니다.

사무엘하 10장에 다윗 왕 때 암몬의 왕 나하스가 죽자 다윗이 조문사절단을 파송했습니다. 조문사절단이 가서 나하스의 아들 하눈 왕을 위로하고 다윗의 칙서를 전했습니다. 그런데 새로 왕위에 오른 하눈 왕의 신하들이 다윗이 조문하는 척하며 우리나라의 사정을 엿보려고 조문사절단을 보낸 것이니 사신들을 혼내 주자는 건의에 넘어갔습니다. 그래서 다윗의 신하들의 수염을 절반 깎고 바지 엉덩이를 오려내서 볼기가 드러나게 해서 돌려보냈습니다. 이 일로 인해 다윗이 군사를 일으켜 암몬을 물리치는 전쟁이 일어났습니다. 이렇게 대사는 영화로운 동시에 위험이 따르는 직책입니다.

70인의 전도대를 보내면서 두 명씩 한조를 이루게 하셨습니다. 이
것은 예상되는 핍박과 환난 중에 서로에게 격려하고 복음을 효과적
으로 증거하기 위한 방법인 것입니다.

전도대를 파송하시면서 예수님께서 "어린양을 이리 가운데 보냄과
같도다."라고 말씀하셨습니다. 이 뜻은 이리는 양의 천적입니다. 홉
스는 세상을 "만인에 대한 만인의 이리"라고 말했습니다. 이런 이리
떼가 득실거리는 세상에 양과 같이 순진한 성도들이 복음을 전할 때
환난과 핍박이 있습니다. 그러나 하나님 나라의 대사로 복음을 전해
야 할 사명을 받은 성도들은 환난과 핍박을 무릅쓰고서라도 복음을
전해야 합니다. 이것이 복음의 사신된 성도의 의무입니다.

하나님 나라의 사신으로 복음을 전해야 할 성도들이 취해야 할 태도를 가르쳐 주신 내용인데 이해되지 않는 난해한 말씀이 몇 가지 있습니다. 첫째는 "전대나 주머니나 신을 가지지 말라."는 말입니다. 모든 것을 전적으로 하나님께 의존하여 사역에 임하라는 뜻입니다. 둘째는 "아무에게도 문안하지 말라."는 말입니다. 옛날 유대인들은 길에서 만나면 입을 맞추고 안부를 묻는 등 정중하게 인사하는 데 30분씩 시간을 보냈습니다. 오른손을 가슴에 올리면 "충심으로 당신을 사랑한다"는 뜻이고, 손을 입술에 갖다 대면 "우정을 함께 나누고 싶다."는 뜻입니다. 손을 이마까지 천천히 올리면 "당신에게 존경과 경의를 표한다."는 뜻으로 길에서 시간을 빼앗기지 말고 신속히 맡은 사명을 다하라는 것입니다. 셋째는 "한 집에 유하라."라는 말입니다. 유대인은 나그네를 잘 대접하는 것을 큰 미덕으로 알았습니다. 그래서 이집에서 저집으로 옮겨 다닐 경우 대접받다가 시간 다 빼앗길까봐 업무에 충실하라는 것입니다.

이렇게 하나님 나라의 사신으로 복음을 전하는 성도들은 신속하게 복음을 전하는데 전념해야지 습관적인 예절을 지키다가 시간을 빼앗기지 않도록 하라는 분부입니다. 그리고 하나님 나라의 대사는 평안을 빌어야 합니다. 우리 한국적 상황에서는 복을 빌어야 합니다.

"예수 믿고 복 받으세요."

평안을 빌고 복을 빌 때 그것을 받아들이면 대사로서의 사명을 완수한 것이요. 그렇지 않다 하더라도 그 빈 복이 빈 사람에게 돌아온다고 말씀하고 있습니다. 복과 평안에는 부메랑 효과가 있습니다. 그러므로 복은 빌수록 좋은 것입니다.

다윗은 이런 영적인 원리를 알고 병든 자를 위하여 기도하고 사울 왕에 대해 대적하지 않고 오히려 복을 빌었습니다. 불신 형제들에게 복을 빌고, 평안을 전해야 합니다. 전하면 전할수록 그 복이 내게 넘친다는 사실을 믿어야 합니다. 병든 자에게 다가가 "하나님의 나라가 가까이 왔다."라고 선포하시기 바랍니다.

하나님 나라는 하나님이 다스리시는 영역입니다. 하나님이 다스리시면 치료가 급속히 임하게 됩니다. 이것을 믿고 담대하게 복음을 전하시기 바랍니다.

사도 바울처럼 복음의 비밀을 담대하게 외치며 전도하는 하나님 나라의 사신이 되어야 합니다.

전도자에게 능력을 주신다

전쟁에서 이기는 비결은 최전선에서 전투하는 병사들에게 끊임없이 좋은 무기와 물자와 식량을 보급해 주는 것입니다. 미군이 세계 최강의 군대가 된 것은 미군 병사들이 목숨을 아끼지 않고 나라를 위해 충성하기 때문이 아니라 고성능 무기와 풍부한 물자와 영양가 높은 식량을 보급해 줄 수 있는 능력이 있기 때문입니다.

다윗의 장수 중에 사단장 쯤 되는 우리아라는 충성된 장군이 있었습니다. 우리아의 아내 밧세바를 보고 음욕을 품은 다윗이 밧세바를 임신시켜 놓고 우리아를 죽일 음모를 꾸미고는 요압 총사령관에게 밀서를 보냈습니다. 자기가 죽을 음모가 담긴지도 모른 채 우리아는 그 밀서를 요압에게 전달했습니다. 그 내용은 우리아를 최전선에 선봉장으로 투입해 성을 공격하게 하는 것입니다. 그리고 뒤에 군사를 보내 주지 않았습니다. 보급도 끊어졌습니다. 까닭도 모른 채 충성된 장군 우리아는 고분분투하다 적의 화살에 맞아 죽고 말았습니다.

이렇게 지원을 받지 못하고 보급을 받지 못하면 아무리 충성되고 용감한 장군도 죽고 맙니다. 우리 하나님께서는 사악한 왕이 아니십니다. 무능한 왕도 아니십니다. 하나님과의 대사로 최전선에 나가 복음을 전하는 십자가 용사들에게 반드시 최고의 능력을 공급하시는 분이십니다.

> 칠십 인이 기뻐 돌아와 가로되 주여 주의 이름으로 귀신들도 우리에게 항복하더이다. 예수께서 이르시되 사단이 하늘로서 번개같이 떨어지는 것을 내가 보았노라. 내가 너희에게 뱀과 전갈을 밟으며 원수의 모든 능력을 제어할 권세를 주었으니 너희를 해할 자가 결단코 없으리라. (눅 10:17-19)

70인 전도 대원들이 승전보를 전합니다. 예수님, 주님의 이름으로 복음을 전할 때 귀신 들린 자도 항복했습니다. 그 말씀을 들으신 예수님께서 빙긋이 웃으시더니 이렇게 말씀하셨습니다.

"너희가 전도할 때에 사탄이 하늘에서 번개같이 떨어지는 것을 내가 이미 보았느니라. 내가 너희에게 뱀과 전갈을 밟으며 원수를 제어할 모든 능력을 주었다."

이 말씀은 전도자들에게 사명을 주실 때 이미 능력도 주셨음을 의미합니다.

하나님의 능력을 받고 싶으십니까? 전도하시기 바랍니다. 전도자를 해할 자가 결단코 없습니다. 사탄은 이미 예수님에게 패배하고 결박을 당했습니다. 예수님의 이름만 들어도 벌벌 떨고 달아나게 되어 있습니다. 그러므로 예수님의 이름을 들고 나아가 복음을 전하면 어떤 경우에라도 승리할 수 있습니다.

"나는 말할 줄 모르는데요."

이런 걱정을 하십니까? 그런 걱정도 주님께서 이미 다 극복할 수 있도록 예비하셨다는 것을 믿어야 합니다.

모세가 여호와께 고하되 주여 나는 본래 말에 능치 못한 자라 주께서 주의 종에게 명하신 후에도 그러하니 나는 입이 뻣뻣하고 혀가 둔한 자니이다. 여호와께서 그에게 이르시되 누가 사람의 입을 지었느뇨. 누가 벙어리나 귀머거리나 눈 밝은 자나 소경이 되게 하였느뇨. 나 여호와가 아니뇨. 이제 가라 내가 네 입과 함께 있어서 할 말을 가르치리라.

(출 4:10-12)

모세도 말주변이 없었습니다. 말주변 없는 사람이 성질이 급해서 사람을 때려죽인 살인자가 되어 도망자로 40년을 보냈던 모세입니다. 그가 하나님의 부름을 받았을 때 "말을 잘 못합니다."라고 했더니 하나님께서 "할 말을 가르치리라."고 말씀하셨습니다. 하나님의 일을 하면 말재주도 주십니다.

> 너희를 넘겨줄 때에 어떻게 또는 무엇을 말할까 염려치 말라. 그때에 무
> 슨 말할 것을 주시리니 말하는 이는 너희가 아니라 너희 속에서 말씀하시
> 는 자 곧 너희 아버지의 성령이시니라. (마 10:19-20)

성령 충만함을 받으면 성령께서 무슨 말을 할 것을 가르쳐 주십니다. 무식한 베드로, 비겁한 베드로가 성령의 충만함을 받았습니다. 그가 복음을 전하고 체포되었습니다. 무식한 어부라는 것을 아는 제사장과 서기관들이 그를 취조하며 얼르고 달래서 다시는 그러지 말라고 공갈 협박하면서 풀어 주었습니다. 그때 베드로가 담대히 말했습니다.

> 이에 베드로가 성령이 충만하여 가로되 백성의 관원과 장로들아. 만일 병
> 인에게 행한 착한 일에 대하여 이 사람이 어떻게 구원을 얻었느냐고 오늘
> 우리에게 질문하면 너희와 모든 이스라엘 백성들은 알라. 너희가 십자가
> 에 못 박고 하나님이 죽은 자 가운데서 살리신 나사렛 예수 그리스도의 이
> 름으로 이 사람이 건강하게 되어 너희 앞에 섰느니라. 이 예수는 너희 건
> 축자들의 버린 돌로서 집 모퉁이의 머릿돌이 되었느니라. 다른 이로서는
> 구원을 얻을 수 없나니 천하 인간에 구원을 얻을 만한 다른 이름을 우리에
> 게 주신 일이 없음이니라 하였더라. (행 4:8-12)

이 말을 듣고 있던 서기관과 관원과 장로들이 눈이 휘둥그레져서 서로를 쳐다봅니다.

> 저희가 베드로와 요한이 기탄없이 말함을 보고 그 본래 학문 없는 범인
> 으로 알았다가 이상히 여기며 또 그 전에 예수와 함께 있던 줄도 알고

또 병 나은 사람이 그들과 함께 섰는 것을 보고 힐난할 말이 없는지라.

(행 4:13-14)

이렇게 복음을 전하면 하나님께서 지혜를 주시고 할 말을 가르쳐 주시고 능력을 주신다는 사실을 믿어야 합니다. 그래도 "나는 무식하고 연약해서 전도하기가 두렵습니다." 하고 생각하십니까?

> 하나님의 지혜에 있어서는 이 세상이 자기 지혜로 하나님을 알지 못하는 고로 하나님께서 전도의 미련한 것으로 믿는 자들을 구원하시기를 기뻐하셨도다. (고전 1:21)

> 하나님의 미련한 것이 사람보다 지혜 있고 하나님의 약한 것이 사람보다 강하니라. 그러나 하나님께서 세상의 미련한 것들을 택하사 지혜 있는 자들을 부끄럽게 하려 하시고 세상의 약한 것들을 택하사 강한 것들을 부끄럽게 하려 하시며 하나님께서 세상의 천한 것들과 멸시 받는 것들과 없는 것들을 택하사 있는 것들을 폐하려 하시나니(고전 1:25, 27-28)

전도는 지식을 가지고 하는 것입니다. 능력을 받아서 하는 것입니다. 그 능력은 어디서 옵니까? 전도하는 자에게 주시는 하나님의 선물입니다. 능력 있게 신앙생활을 하고 싶으십니까? 그러면 전도하시기 바랍니다. 그러면 능력자가 됩니다. 틀림없습니다.

> 믿는 자들에게는 이런 표적이 따르리니 곧 저희가 내 이름으로 귀신을 쫓아내며 새 방언을 말하며 뱀을 집으며 무슨 독을 마실지라도 해를 받지 아니하며 병든 사람에게 손을 얹은즉 나으리라 하시더라. (막 16:17-18)

복음을 전하여 능력을 받고, 능력을 받아 전도하는 하나님의 대사가 되어야 합니다.

전도의 상급이 천국에서 가장 크다

우리의 육체는 밥을 잘 먹고, 잘 싸고, 잘 자면 살 수 있습니다. 그러나 일을 하지 않으면 건강하고 부유하게 살 수 없습니다. 그래서 사람들은 일을 합니다. 영혼도 만찬가지입니다. 매일 영의 양식인 말씀을 먹고 영의 호흡인 기도에 힘써야 합니다. 그런데 건강한 영혼을 위해서는 영적인 일을 해야 합니다. 영적인 일이 바로 전도입니다. 영적인 일인 전도를 하는 사람이 진정 건강한 신앙인이 될 수 있습니다.

사람이 일은 하지 않고 밥만 먹으면 소화가 안 되고 밥맛이 없습니다. 마찬가지로 우리의 영도 영의 일인 전도를 하지 않으면 말씀의 맛이 없습니다. 영혼의 호흡인 기도가 잘되지 않습니다. 전도 대상자가 있어야 그를 위해 기도할 거리가 생기게 되어 있습니다. 아이에게 젖을 먹이는 엄마는 밥을 2~3인분을 먹어 치웁니다. 소화가 잘 되기 때문입니다. 밥맛이 그렇게 좋을 수가 없습니다. 마찬가지로 불신자들에게 말씀을 먹이면 내면에서 말씀을 필요하기 때문에 말씀을 꿀처럼 달게 받아 먹게 됩니다.

오늘 당신이 어디에 가서 설교할 일이 있다고 합시다. 그러면 지금 설교를 그냥 듣겠습니까? 아니지요, 메모하고 머리에 저장하느라고 집중하게 됩니다. 그렇기 때문에 전도하는 사람은 말씀도 달게 먹고, 기도도 간절해지고, 영적인 운동을 하기 때문에 영혼이 건강해지고, 영혼이 잘 됨 같이 범사가 잘되고 건강을 얻게 됩니다.

그러나 귀신들이 너희에게 항복하는 것으로 기뻐하지 말고 너희 이름이 하늘에 기록된 것으로 기뻐하라 하시니라. (눅 10:20)

귀신들이 항복하는 것이 너무 신기하지 않습니까? 그러니까 그 이야기로 밤을 새웁니다. 알파코스 훈련을 하는 중에 성령수양회가 있고 치유의 날이 있습니다. 그런데 기도하다 보면 가끔 기적이 일어납니다. 입신하여 하나님을 만나는 사람도 있고, 아말감으로 씌운 하얀 치아가 반짝이는 금같이 변한 분도 있습니다. 또 기도하다가 손에 반짝반짝 금가루가 생긴 경우도 있습니다. 교회에 처음 나온 초신자가 방언 기도를 하기도 하고, 마음에 기쁨이 샘솟으며 웃음이 끊이지 않는 사람도 있고, 병 고침을 받은 사람도 있습니다. 이러한 것이 신기하니까 이것만 이야기하는 사람들이 많습니다. 이럴 때 예수님이 우리에게 뭐라고 하실까요? 그런 기적을 보고 기뻐하느냐? 그것보다 더 중요한 것은 하나님이 살아계셔서 너희에게 기적을 보여 주셨다는 사실이 아니냐? 예수 그리스도는 오늘도 살아계셔서 성령을 우리에게 보내 주신다는 사실이 더 중요한 것입니다.

그렇기 때문에 예수님께서 "얘들아 그것보다 더 기뻐할 일은 너희 이름이 천국에 기록된 것이 아니냐?"하고 말씀하신 것입니다. 이 이야기의 뜻은 하늘의 생명책에 이름이 기록된 사실에 비하면 귀신을 축출하는 일이 뭐 대단하냐는 내용으로 해석할 수 있습니다. 다른 한 가지는 전도자에게 하늘의 생명책에 기록되는 놀라운 복을 주신다는 말씀으로 해석할 수 있습니다. 이 말씀을 이런 비유로 이해를 돕고자 합니다.

저는 군대 생활을 진해에서 했습니다. 진해에 있는 육군대학에서 3년간 복무했습니다. 육군대학 본관에 들어서면 졸업생 이름이 기수별로 동판에 새겨져 있는데 수만 명 이름이 붙어 있습니다. 그 이름 모두 영관급 이상 장교들의 이름입니다. 그런데 그중에서도 별이 붙어 있는 이름들이 있습니다. 별 하나, 별 둘, 별 셋, 별 넷까지 붙어 있는 이름들을 보면 박정희, 전두환, 노태우, 한신, 이종찬, 정일권, 채명신, 이세호, 윤흥정, 등등 수많은 졸업생 중에서 유독 눈에 띄는 이름들은 별을 단 이름들입니다. 바로 이렇게 별을 단 장군들처럼 하늘에서도 하나님께서 전도하는 사람들에게 별을 달아 주시고 칭찬하신다는 사실을 기억해야 합니다.

> 지혜 있는 자는 궁창의 빛과 같이 빛날 것이요, 많은 사람을 옳은 데로 돌아오게 한 자는 별과 같이 영원토록 비취리라. (단 12:3)

하나님은 전도하는 자를 가장 기뻐하십니다. 우리를 통해 불신 영혼들을 전도하게 하시려고 교회를 만들어 주셨습니다. 그런데 너무 교회 안에서 자기들끼리만 놀고 지내면 하나님께서 시련을 주십니다. 나아가 복음을 전해야 합니다. 때를 얻든지 못 얻든지 전해야 합니다. 전도하기를 쉬지 않고 목숨 걸고 전도해야 합니다.

하나님께서는 우리를 하나님의 전권대사로 삼으셨습니다. 전도할 때 능력을 칠 배나 더해 주십니다. 뿐만 아니라 전도자에게 하늘의 스타가 되는 상급을 주십니다. 우리 모두 전도하여 능력 받고 하늘의 별과 같이 빛나는 상급을 받게 되시기를 바랍니다.

나는 십일조의 힘을 믿는다

십일조는 하나님께서 부어 주시는 물질 축복의 신비이다 말 3:6-12

"하나님 나라의 확장에 가장 큰 방해물은 탐욕이다."
호킨스(O.S Hawkins, 달라스 제일침례교회 담임목사)

이 세상에서 교인들이 잘 되는 것을 보면 가장 좋아하는 사람은 아마 목사일 것입니다. 교인들이 차를 사고, 집을 사고, 진급하고, 승진하면 마치 자신이 그렇게 된 것처럼 좋아합니다. 그러나 교인들이 실패하고 아파하면 목사도 가슴이 아픕니다. 그래서 진심으로 교인들을 축복합니다. 영적인 부흥과 육신의 건강과 가정의 평안과 사업의 형통을 기원합니다. 그런데 아이러니하게도 복 받는 비결을 정작 교인들에게 강조해서 가르쳐 주지 못하는 것이 사실입니다.

교인들이 복을 받는 가장 큰 비결은 헌금 생활을 잘하는 것입니다. 그중에서도 십일조를 잘하는 것이 가장 큰 복을 받는 비결입니다. 이 문제는 많은 사람이 예민하게 반응하기 때문에 용기가 없는 목사는 헌금에 대한 설교를 잘 하지 못합니다.

땅 사고 건축 허가를 받고 설계하는 데 1년, 건축하는 데 2년, 총 3

년에 걸쳐 성전을 건축하는 대역사를 하는 중에도 헌금에 관한 설교를 거의 하지 않았습니다. 그 대신 기도와 긍정적 믿음을 강조하면서 이렇게 외쳤습니다.

"교회는 돈으로 짓는 것이 아니고, 믿음과 기도로 짓는 것입니다."

"할 수 있다! 하면 된다! 꼭 된다! 아멘."

하나님의 은혜로 교인의 수가 배로 늘어나면서 건축을 은혜 중에 마칠 수 있었습니다. 놀라운 하나님의 경륜을 찬양하며 감사를 드립니다. 그러면서도 마음 한구석에 언제나 헌금에 대해 성경에 있는 대로 가르쳐야 교인들이 복을 받는데 목사가 이렇게 마음이 약하고 비겁해서 되겠나 하는 가책을 때때로 느끼곤 했습니다. 그래서 지난 몇 년간의 주보를 살펴보니까 십일조에 대해 설교한 지가 벌써 5년이 훨씬 넘은 것을 발견했습니다. 이렇게 오랫동안 설교하지 않았음에도 불구하고 바른 헌금 생활과 십일조 생활에 힘써 온 성숙한 성도님들에게 진심으로 감사를 드리면서 온 성도님들이 함께 헌금에 대한 인식이 익어가고 자라가고 성숙해 가게 되시기를 바랍니다.

"전대가 끌러지기 전에는 진정한 회개가 아니다."　　　　　존 웨슬리

하나님께서는 우리의 재정적인 도움을 필요로 하지 않으십니다. 하나님께서는 만물의 주권자이시고 모든 것을 소유하고 계시기 때문입니다. 그러나 하나님께서는 우리가 하나님을 의지하고 사랑하기를 원하십니다. 사람에게 있어서 돈은 삶을 대단히 편하게 하는 힘이 있습니다. 돈의 위력은 막강합니다. 그래서 사람들은 어른이나 애들이나 남녀노소를 불문하고 돈을 좋아합니다.

우리나라만 부정과 부패가 있는 것이 아닙니다. 미국에서도 2005년 11월 캘리포니아 주 공화당 8선 하원의원인 랜디 커닝햄(Randy Cunningham)이 240만 달러(24억 원)가 넘는 뇌물을 받고 방위산업에 지대한 영향력을 행사한 것이 발각되어 발칵 뒤집혔습니다. 그가 받은 뇌물 목록을 보면 롤스로이스 자가용, 루이 필립이 쓰던 옷장, 호화로운 요트, 납으로 장식된 유리 캐비닛, 심지어 딸의 졸업 파티 비용으로 들어간 만 불까지도 뇌물로 받은 것이 드러났습니다. 그는 2006년 3월에 8년 4개월의 징역형을 선고받아 미국 역사상 국회위원에게 내려진 최고의 중형으로 기록되었습니다.

우리는 돈에 대해 바른 가치관을 가져야 합니다. 돈은 인격이 없으나 쓰는 사람의 인격에 따라 양반이 되기도 하고 쌍놈이 되기도 합니다. 성경은 만물이 다 주의 것이라고 가르쳐 줍니다. 헌금 생활은 하나님께서 만물의 주권자 되심을 인정하는 행위입니다. 우리는 십일조를 통하여 하나님께서 만물의 주인이심을 인정하며 헌신을 다짐하고 감사를 표현하는 것입니다.

십일조를 잘하는 그리스도인은 신앙적으로 성장할 뿐 아니라 물질적으로도 큰 복을 받게 됩니다. 이것이 하나님의 약속이기 때문입니다. 또 십일조를 잘하는 성도들이 모인 교회는 재정적으로 자립이 가능하고 선교에 부요한 교회로 부흥하게 됩니다.

2005년 10월 월간지 《빛과 소금》에서 서울 경기 지역 크리스천을 대상으로 조사한 통계에 의하면 십일조를 하는 교인이 49.3%였습니다. "총수입에서 몇 퍼센트를 헌금으로 드리냐?"는 질문에 대한 응답자 중에서 10퍼센트 미만이 27.5퍼센트, 10~20퍼센트가 66퍼센트, 20~30퍼센트가 6퍼센트, 30퍼센트 이상이 0.5퍼센트로 나타났습니다.

헌금하는 정성은 세계에서 한국 교인을 당할 나라가 없는 것 같습니다. 그런데 놀라운 것은 응답자들 가운데 61%가 헌금 교육을 받아 본 적이 없다는 것입니다. 그래서 성도들에게 헌금에 대해 바르게 가르쳐 큰 복을 받도록 해야겠다고 다짐을 했습니다. 그러면 모든 성도들이 공통적으로 의문을 느끼는 문제에 대해 말씀 드리겠습니다.

– 정규 수입 이외의 수입에도 십일조를 드려야 합니까?

– 십일조를 낸 적이 없는 수입이면 반드시 드려야 합니다. 가령 전세금은 수입이 아닙니다.

– 십일조를 교회 이외의 단체에 드려도 됩니까?

– 섬기는 교회에 드리는 것이 원칙입니다. 가령 가족 중에 개척 교회를 하는데 돕고 싶다면 본 교회에 헌금을 하면서 교회에 부탁을 해서 선교 헌금을 하도록 하면 됩니다.

– 배우자 몰래 십일조를 드려도 됩니까?

– 솔직하게 의논하고 결정해서 드리는 것이 좋습니다. 그러나 반대가 심할 경우 자신이 쓸 생활비에서 아껴 드리면 됩니다.

– 가정 사정이 어려운데도 십일조를 드려야 합니까?

– 십일조는 액수를 보는 것이 아니라 비율을 보는 것이기 때문에 10%를 반드시 드려야 합니다. 거지도 십일조를 해야 합니다. 그러므로 십일조를 하지 않으면 교회의 일꾼 될 자격이 없습니다.

십일조는 영원한 축복을 주시겠다는 하나님의 약속이다

십일조를 하지 않는 분들은 어떤 이유로 하지 않을까를 생각해 봅시다. 먼저, 십일조에 대해 정확한 교육을 받지 않아서 중요성을 모르기 때문입니다.

> 그런즉 저희가 믿지 아니하는 이를 어찌 부르리요, 듣지도 못한 이를 어찌 믿으리요, 전파하는 자가 없이 어찌 들으리요. (롬 10:14)

십일조를 가정에서 부모님들이 본보기 교육을 통하여 가르치고 교회에서 정확하게 가르쳐야 합니다. 저의 경우는 어머님께서 십일조를 정확하게 하는 것을 보고 자랐습니다. 그래서 군대 생활 할 때 3,000원 월급을 받던 일등병 시절에도 500원씩 십일조를 드렸습니다.

다음으로, 십일조를 드릴 마음이 없기 때문에 하지 않는 사람들이 있습니다. 이런 분들은 물질이 자신의 것이라고 생각하여 자기 소유를 놓치고 싶지 않기 때문에 드리지 못합니다. 우리가 우리 소유의 100%를 누리는 방법은 세금을 먼저 떼어 놓는 것입니다. 아깝다고 떼어 놓지 않으면 가산금이 붙어 나중에 더 많은 것을 내야 합니다. 마찬가지로 하나님께 십일조 드리는 것을 아깝다고 하지 않으면 하나님께서 나중에 추징금을 붙여서 물질적인 손해를 당하게 되는 원리가 영적인 세계에도 동일하게 적용됨을 깨달아야 합니다.

십일조는 율법이고 구약의 계명이기 때문에 은혜와 복음의 시대를 사는 그리스도인이 할 필요가 없다고 말하는 사람들이 있습니다. 그러나 그것은 잘못된 생각입니다. 십일조는 율법이 생기기 전에 아담도 드렸고, 아브라함도 드렸고, 율법 시대에도 물론 드렸고, 예수님도 드렸으며, 신약 시대에 들어와서도 드렸고, 교회 시대에도 드렸다는 역사적인 증거가 분명히 있습니다. 아담이 십일조를 드렸다는 말씀이 어디 있습니까? 미국에서 550개 TV 방송을 통하여 성경적 경제학의 원리를 설교했던 존 아반지니(John Avanzini) 목사는 다음과 같이 해석했습니다.

하나님께서 아담과 하와에게 동산의 모든 실과는 먹되 "선악을 알게 하는 나무의 실과는 먹지 말라"(창2:17)고 하셨습니다. 바로 이 선악과를 아담과 하와가 하나님께 드려야 할 십일조인데 드리지 않았다는 것입니다. 또 그는 말하기를, 아벨이 양의 첫 새끼와 그 기름을 하나님께 드렸는데(창4:4), 양의 첫 새끼라는 것은 양떼의 증가분을 말하는 것이고, 그 중에 기름을 드렸다는 것은 가장 좋은 것을 하나님께 드린 것이라고 해석하고 있습니다. 이 십일조를 하나님께서 기쁘게 받으셨고 그렇지 못했던 가인이 시기하여 아벨을 죽인 것이라는 것입니다. 또 하나님께서 모세에게 율법을 주시기 수백 년 전에 이미 아브라함이 멜기세덱에게 십일조를 드렸습니다.(창 14:20)

예수님께서도 십일조를 드리라고 말씀하셨습니다.

화 있을진저 외식하는 서기관들과 바리새인들이여, 너희가 박하와 회향과 근채의 십일조를 드리되 율법의 더 중한 바 의와 인과 신은 버렸도다. 그러나 이것도 행하고 저것도 버리지 말아야 할지니라. (마 23:23)

이렇게 십일조는 변함없는 하나님의 약속입니다.

나 여호와는 변역지 아니하나니 그러므로 야곱의 자손들아 너희가 소멸되지 아니하느니라. (말 3:6)

하나님은 변역(變易)지 아니하십니다. 하나님은 변함이 없으신 분이십니다.

> 천지는 없어지려니와 주는 영존하시겠고 그것들은 다 옷같이 낡으리니 의복같이 바꾸시면 바뀌려니와 주는 여상하시고 주의 년대는 무궁하니이다. (시 102:26-27)

> 각양 좋은 은사와 온전한 선물이 다 위로부터 빛들의 아버지께로서 내려오나니 그는 변함도 없으시고 회전하는 그림자도 없으시니라. (약 1:17)

이렇게 변치 않는 하나님께서 왜 십일조를 하라고 말씀하셨습니까? 약속은 지키게 되면 반드시 대가가 따르게 되어 있습니다. 소멸되지 않는다는 약속입니다. 이것을 바꾸어 말하면 십일조 드리는 사람은 영원히 복을 주고 지켜주시겠다는 약속의 말씀임을 믿어야 합니다.

> 너희는 먼저 그의 나라와 그의 의를 구하라 그리하면 이 모든 것을 너희에게 더하시리라. (마 6:33)

어렵고 힘들어도 의로우셔서 변치 않는 하나님의 약속을 믿고 십일조를 드리면 의식주의 모든 것을 풍족하게 더해 주실 것을 믿어야 합니다. 변함없는 하나님의 약속을 믿고 십일조를 드려야 합니다.

하나님을 기쁘시게 하는 온전한 십일조

온전한 십일조는 어떤 것이고 온전하지 못한 십일조는 어떤 것입니까? 온전한 십일조는 10%를 정확히 드리고, 자원하여 드리며, 분에 넘치도록 드리고, 천국에 저축하는 믿음으로 드리는 것을 말합니다.

온전치 못한 십일조는 맘 내키는 대로 드리고, 억지로 드리며, 인색한 마음으로 드려 종자까지 먹어 버립니다.

온전하지 못한 물건이 제값을 받지 못하는 것처럼 온전하지 못한 십일조도 복을 받지 못합니다. 온전하지 못한 것이 얼마나 어리석은 일이고 억울한 결과를 당하게 되는가 하는 것을 사도행전 5장이 잘 보여 주고 있습니다. 초대 교회에 유력한 교인이 두 사람 있었는데 바나바와 아나니아였습니다. 많은 성도들이 전도되어 교회로 몰려들었고 그들과 함께 먹고 사는 공동체 생활을 하다 보니 많은 돈이 필요했습니다. 그때 바나바가 자신의 밭을 팔아 사도들에게 전부 드렸습니다. 이것을 본 아나니아도 체면상 할 수 없이 밭을 팔았는데 돈이 많았습니다. 그러니까 부부가 의논해서 반은 감추어 놓고 나머지만 베드로 앞에 갖고 왔습니다. 베드로가 물었습니다.

"이게 전부입니까?"

"네, 전부입니다."

그 즉시 아나니아가 죽었습니다. 삽비라도 그 뒤를 이어 그 자리에서 죽고 말았습니다. 왜 이렇게 바나바와 같이 많은 헌금을 했는데 죽게 되었을까요? 온전하지 못했기 때문입니다. 이 교훈을 잘 새기시고 십일조를 온전하게 하지 않으면 하고도 복을 받지 못한다는 원리를 깨달아야 합니다.

> 만군의 여호와가 이르노라. 너희 열조의 날로부터 너희가 나의 규례를 떠나 지키지 아니하였도다. 그런즉 내게로 돌아오라. 그리하면 나도 너희에게로 돌아가리라 하였더니 너희가 이르기를 우리가 어떻게 하여야 돌아가리이까 하도다. 사람이 어찌 하나님의 것을 도적질하겠느냐. 그러나 너희는 나의 것을 도적질하고도 말하기를 우리가 어떻게 주의 것을 도적질

하였나이까 하도다. 이는 곧 십일조와 헌물이라. 너희 곧 온 나라가 나의 것을 도적질하였으므로 너희가 저주를 받았느니라. 만군의 여호와가 이르노라 너희의 온전한 십일조를 창고에 들여 나의 집에 양식이 있게 하고 그것으로 나를 시험하여 내가 하늘 문을 열고 너희에게 복을 쌓을 곳이 없도록 붓지 아니하나 보라. (말 3:7-10)

8절에 하나님께서 온전한 십일조를 하지 않는 사람들을 향하여 '너희가 나의 것을 도적질 하느냐'라고 책망하고 있습니다. 가장 어리석은 사람은 옳은 일을 그릇되게 하는 사람입니다. 사울왕은 제사를 드리고도 하나님께 책망 받았습니다. 그 이유는 하나님의 법에는 제사장이 향을 피우게 되어 있었는데 사무엘 선지자가 늦게 오자 사울 왕이 직접 향을 피웠기 때문에 하나님의 법도를 어긴 것입니다. 다윗도 법궤를 옮길 때 소가 끄는 수레에 실어 운반했습니다. 그런데 소가 길길이 뛰어 웃사가 법궤를 붙잡았다가 죽고 말았습니다. 법궤는 제사장이 어깨에 메고 옮기는 것이 하나님의 법이었습니다. 법궤를 옮기는 방법이 잘못되어 소가 뛰었고 법궤를 만지면 안 되었는데 만졌기 때문에 웃사는 죽고 말았습니다. 좋은 일을 하다가 그만 변을 당하고 만 것입니다. 십일조를 하려면 온전히 해야 합니다. 그래야 복을 받습니다.

땅의 십분 일 곧 땅의 곡식이나 나무의 과실이나 그 십분 일은 여호와의 것이니 여호와께 성물이라. (레 27:30)

십일조를 가지고 자기 맘대로 선교 헌금하고, 구제하는 것은 온전치 못한 일입니다. 왜냐하면 십일조는 하나님의 것이요, 하나님의 성물이기 때문에 성물을 가지고 자의적으로 사용하는 것은 성물을 도적질하는 것이 되기 때문입니다. 10절에 온전한 십일조로 하나님을 시험하여 보라고 말씀하십니다. 하나님을 시험하면 큰일이 납니다.
그러나 세 가지 경우에 하나님을 시험하는 것이 허용되어 있습니다.

첫째는 십일조(말 3:10)이고, 둘째는 주께서 기쁘시게 할 것이 무엇
인가(엡 5:10) 하는 것이며, 셋째는 영들이 하나님께 속하였나(요일
4:1) 확인하는 것입니다. 얼마나 사람들이 십일조를 드리는 데 벌벌
떨고 못 드렸으면 시험을 해 보라고 허락해 주셨겠습니까? 아직 십일
조하지 못하시는 분은 오늘 이후로 한 번 시험해 보시기 바랍니다. 하
나님이 살아 계심을 체험하게 될 것입니다.

참존 화장품 회장 김광석 장로는 원래 독실한 불교신자로 불교 신
도 회장을 하고 절까지 지었던 사람입니다. 그는 약대를 나와 약국을
개업하고 조제약을 개발하여 돈을 많이 벌었습니다. 소문이 나서 다
른 약국에서 약을 사 갔었는데 이것이 약사법에 위반이 되어 1979년
에 8억 3,000만 원의 벌금이 떨어졌습니다. 도망쳐서 절로 피신했다
가 하나님을 만나고 자진해서 경찰에 자수하고 감옥에 들어갔습니
다. 그 후 56일 만에 8억 3,000만 원의 벌금을 납부하는 조건으로 석
방되었습니다. 그 후 그는 예수님을 영접하고 열심히 신앙생활을 하
며 화장품 회사를 설립했고 한 달에 1,000만 원씩 8년 동안 빚을 갚
아 나갔습니다. 그러던 중 친구 장로의 권면을 받고 십일조를 드리기
시작했습니다. 그러던 중 말라기 3장 10절을 읽게 되었는데 하나님께
서 나를 시험해 보라는 이 말씀에 도전을 받고 하나님께 기도를 드렸
습니다.

"하나님! 제가 다음 주에 10의 2조를 드리겠습니다. 그 대신 저도
조건이 있습니다. 다음 달 매출액을 두 배로 늘려 주셔야 합니다. 저

는 성격이 좀 급한 편입니다. 1년 후가 아니라, 당장 다음 달에 증거를 보여 주셔야 합니다.”

하나님과의 약속대로 그는 10의 2조를 드렸습니다. 그런지 얼마 가지 않아 새로 개발한 신제품이 빅히트를 쳤습니다. 갑자기 밀려드는 주문에 공장을 24시간 3교대로 가동시켰습니다.

10의 2조를 드린 지 3주 만에 한 달에 평균 1억 원의 매출 올리던 것을 자그마치 8억 원의 매출을 올렸습니다. 2배를 달라고 기도했더니 8배로 주셨습니다. 이 사건을 계기로 믿음이 크게 되었고 사업이 크게 확장되어 국내 굴지의 화장품 회사가 되었습니다. 하나님께서는 그에게 계속해서 축복을 쏟아 부어 주셨습니다. 그는 국민 훈장을 받고, 명예 박사 학위를 받았으며, 약학 대학 겸임 교수가 되고, 2002년에는 자랑스러운 한국인 대상을 받았고, 훌륭한 기업가 대상을 받았습니다.

그들이 이스라엘 자손의 성소의 모든 것을 만들기 위하여 가져온 예물을 모세에게서 받으니라. 그러나 백성이 아침마다 자원하는 예물을 연하여 가져오는 고로 모세에게 고하여 가로되 백성이 너무 많이 가져오므로 여호와의 명하신 일에 쓰기에 남음이 있나이다. (출 36:3,5)

인색한 마음으로 드리면 드리고도 복을 받지 못합니다. 자원하여 기쁨으로 드리면 하나님께서 온전히 그 마음을 받으시고 누르고 흔들어 넘치도록 복을 주십니다. 온전한 십일조를 드리고 주님께서 부어 주시는 복을 담을 큰 그릇이 됩시다.

천국의 밭에 뿌리고 거두는 영적 수확의 신비

농사짓는 농부들은 큰 흉년이 와서 아무리 먹을 곡식이 떨어져도 내년에 심을 씨앗은 아끼고 또 아껴 남겨 둡니다. 그렇지 않고는 다음 해에 농사를 지을 수 없기 때문입니다. 십일조는 바로 하나님의 밭에 심는 종자 씨앗입니다. 지금도 성미를 정성으로 하는 분들이 있지만 옛날 어머니들은 성미를 참 지극 정성으로 드렸습니다. 그래서 성미(誠米)의 성자는 정성(精誠) '성'(誠)자를 씁니다.

6.25 전쟁 후에는 한 시골에 아들만 넷이 있는 집에 믿음이 좋은 엄마가 있었습니다. 쌀이 귀할 때인지라 한창 자라는 아들들이 늘 밥이 부족한데 밥을 할 때마다 성미를 떠서 자루에 담았습니다. 금요일쯤이 되면 성미 자루는 불룩해지는데 쌀독에는 쌀이 떨어졌습니다. 그러면 죽을 먹고 칼국수를 먹곤 했는데 허기진 아이들이 말했습니다.

"엄마! 저기 성미 자루에 가득 찬 쌀로 밥 좀 해줘."

"안 돼, 하나님께 드리려고 모은 것이라 줄 수가 없다."

야박하게도 한 마디로 거절하고는 주일날 교회에 가져다 바쳤습니다. 이렇게 어려운 가운데 키운 아들이 나중에 자라서 모두 목사가 되었습니다. 그들의 이름이 김선도, 김홍도, 김국도, 김건도 목사입니다. 세계에서 제일 큰 감리교회를 하는 형제 목사들이 된 것입니다. 이것이 바로 그 어머니 이영숙 전도사님이 하나님의 밭에 눈물로 씨를 뿌린 것을 자식들이 수확하게 된 것입니다.

> 만군의 여호와가 이르노라. 내가 너희를 위하여 황충을 금하여 너희 토지 소산을 멸하지 않게 하며 너희 밭에 포도나무의 과실로 기한 전에 떨어지

지 않게 하리니 너희 땅이 아름다와지므로 열방이 너희를 복되다 하리라.
만군의 여호와의 말이니라. (말 3:11-12)

하나님께 십일조를 드려 하늘 나라에 씨앗을 뿌리면 하나님께서 메뚜기 재앙을 막아 주시고, 태풍에 과일이 떨어지지 않게 하시고, 땅이 기름지고 가뭄이 없도록 이른 비와 늦은 비로 적셔 주시며, 다른 사람들이 "너는 하나님께 복 받는 자"라고 부러워할 것이라는 말씀입니다. 이것이 바로 영적 추수의 원리요, 십일조의 축복입니다. 어떤 사람은 이렇게 말할 수 있습니다.

"나는 십일조를 드리기 시작했는데 차가 고장이 나서 2배나 수리비가 들었습니다."

"나는 십일조를 꼬박 드렸는데 병에 걸려 수술했습니다."

"나는 십일조를 드렸는데 실직했습니다."

이런 사람들에게 해 주고 싶은 격언이 있습니다.

"게임 중간에는 점수를 말하지 말라." 미국 격언

중요한 것은 최종 결과입니다. 하나님께서 말씀하십니다.

내가 과연 너희를 버리지 아니하고 과연 너희를 떠나지 아니하리라. (히 13:5)

10절에 하나님께서 "나의 집에 양식이 있게 하라."고 말씀하십니다. 하나님의 집, 즉 교회를 뜻합니다. 교회에 십일조를 심으라는 말씀입니다. 그러면 교회가 양식이 풍족한 교회, 선교에 부요한 교회, 은혜가 풍성한 교회가 될 수 있습니다. 당신이 하나님의 일에 대한 열정을 불러일으키게 될 것입니다. 교회는 우리의 축복의 통로입니다. 교회는 생명의 샘물로 생명수가 콸콸 넘쳐흘러야 합니다. 그러기 위해서는 우리들이 믿음의 씨를 뿌려야 합니다. 십일조의 씨앗을 뿌려야 합니다. 그곳에 하나님께서 축복하십니다.

> 이것이 곧 적게 심는 자는 적게 거두고 많이 심는 자는 많이 거둔다 하는 말이로다. 각각 그 마음에 정한대로 할 것이요 인색함으로나 억지로 하지 말지니 하나님은 즐겨 내는 자를 사랑하시느니라. (고후 9:6-7)

수확의 법칙은 콩 심은 데 콩 나고, 팥 심은 데 팥 나는 법입니다. 하나님의 수확의 법칙은 30배, 60배, 100배의 법칙입니다.

존 록펠러(John Rockefeller)는 여덟 살 때 "십일조를 드리면 하나님의 축복을 받는다."는 말을 듣고 심부름해서 번 돈 2센트를 십일조로 드렸습니다. 초등학교 밖에 공부하지 못했지만 록펠러는 1870년에 미국에서 최고 큰 스탠더드 석유회사 사장이 되었을 뿐만 아니라 미국 역사상 최고의 부자가 되었습니다. 그때 그의 일기장에 이렇게 적었습니다.

"재산이 자꾸 늘어나도 어기지 않고 그대로 십일조를 꼭꼭 바치는 것이 내 평생의 행복이다."

그는 이 축복의 비결을 자녀들에게 가르쳐 실천하게 했습니다. 시카고 대학을 설립하고, 록펠러 재단을 설립하고 병원과 의학 연구소, 교회와 학교 등을 설립하여 크게 존경받는 인물이 되었습니다.

믿음을 크게 하고 많이 뿌려야 합니다. 인색하게 하지 말고 기쁨으로 자원하는 마음으로 심어야 합니다. 눈을 들어 풍성하게 열매 맺고 추수를 기다리는 밭을 바라보아야 합니다. 하나님은 자녀들에게 가장 좋은 것을 예비하고 계십니다. 하나님 마음에 감동을 드릴 만큼 정성으로 십일조를 드리며 천국의 밭에 씨앗을 뿌려 수확의 기쁨을 맛보는 우리가 됩시다.

나는 자비의 힘을 믿는다

자비는 끝없이 베푸는 하나님의 사랑이다 눅 10:25-37

"자녀들아 우리가 말과 혀로만 사랑하지 말고 오직 행함과 진실함으로 하자."

(요일 3:18)

장로회신학대학원에서는 학생들의 영성을 고취시키기 위해서 봄가을로 사경회를 엽니다. 제가 신학대학원에 입학해서 첫 번째 맞은 봄 사경회의 강사로 부천에서 참된교회를 담임하시는 '박창하' 목사님이 오셨습니다. 그때 제가 큰 은혜를 받았습니다. 박 목사님은 공수 부대 출신으로 사나이 중의 사나이이십니다. 말씀도 시원시원하게 전하셨는데, 설교 말씀 중에 가장 감명 받았던 것은 교회를 개척해 주는 방법이었습니다. 부목사들을 개척시키는 데 임대 보증금과 비품을 사주고, 월세와 목사 생활비를 1년간 지원하며, 장로 두 명과 함께 30명 정도의 교인을 떼어 분립 개척을 시켜주었습니다. 만약 분립 개척을 할 수 없는 먼 곳에서 개척을 하면 3년간을 도와주었습니다. 이렇게 해서 1987년까지 일곱 교회를 개척했다는 것입니다. 그때 저도 결심을 했습니다. '나도 이다음에 저렇게 하리라.' 그래서 파주

주사랑교회(구 파주광성교회), 안산광성교회, 제자광성교회, 큰빛광
성교회를 개척한 것입니다.

부천참된교회는 2005년까지 33곳을 개척했습니다. 그래서 부천에
가면 참된교회, 복된교회, 길된교회, 빛된교회, 잘된교회 등 '된' 자
돌림 교회가 많습니다. 지금은 '된' 자를 붙일 이름이 없어서 다양하
게 이름을 붙이고 있습니다.

왜 이렇게 해야 합니까? 하나님께서 교회가 설립되는 것을 기뻐하
시기 때문입니다. 자비의 힘을 믿기 때문입니다. 현재 '참된교회'는
끊임없이 개척을 하면서도 교회가 성장하여 어른 2,500명이 출석하
고, 영등포에 있는 고등학교 하나를 인수해서 운영하고 있으며, 경기
도 화성에 2만 5,000평의 땅을 사서 양로원을 지을 준비를 하고 있
습니다. 이렇게 나누고 베풀면 하나님께서 복을 주십니다.

가난한 집에 아들만 다섯이 있는 집이 있었습니다. 마음껏 먹이고,
입히고, 가르칠 수가 없었지만 부부는 사랑만큼은 듬뿍 먹이며 아이
를 키우고 있었습니다. 어느 날 친척 중에 부자가 있었는데 아들이 없
어 양자를 구하다가 가난하지만 아이들을 반듯하게 키우는 이 집에
서 양자를 하기로 하고 아들 하나를 줄 것을 요청했습니다. 그 요청을
받은 날 밤 부부는 이불 속에서 이리 뒤척 저리 뒤척 하면서 잠을 이
루지 못했습니다.

"큰 아들은 책임감이 강하고 우리 집의 기둥인데 보낼 수 없지, 그러
면 둘째를 보냅시다. 둘째는 착하고 말없는 아이인데 마음의 상처를
받으면 안되지. 그러면 셋째를 보냅시다. 그렇게 명랑하고 씩씩하고
집안을 화목하게 만드는 아들을 보내면 집에 웃음이 끊어지지. 그러

면 넷째를 보냅시다. 넷째는 몸이 약해 감기를 달고 사는데 불쌍해서
어찌 보낼 수 있겠습니까? 그러면 다섯째를 보냅시다. 그 어린 것을
어떻게 보냅니까? 보내고 잠이 오겠습니까? 밥이 넘어가겠습니까?”

밤새 누구를 보낼까? 궁리하다가 하얗게 밤을 지새우고 내린 결론
이 가난하고 힘들어도 양자 보내지 말고 함께 살겠다고 결론을 내렸
습니다. 이것이 부모의 마음입니다.

목사도 교인들을 떼어줄 때 마음이 그와 같다는 것을 말씀드리는
것입니다. 그러나 농부가 밭에 씨앗을 뿌릴 때 좋은 씨앗을 뿌리는 것
과 같이 좋은 교인들이 개척에 동참하는 것이 복된 일입니다. 이번에
개척을 하면서 다시 한 번 하나님의 사랑을 생각해 보았습니다. 하나
님은 독생자까지 아끼지 않으시고 우리를 위해 내어 주셨습니다. 하
나님의 마음이 얼마나 아프셨을까? 이렇게 큰 사랑을 받은 우리가 어
찌 사랑을 실천하지 않을 수 있겠습니까?

아브라함이 독자 이삭까지도 아끼지 않고 드릴 때 하나님께서 믿음
의 조상이 되는 복을 내려 주셨습니다. 우리 교회가 하나님께 드리며
이웃에게 조건 없는 사랑을 나누는 실천을 할 때, 하나님께서 아브라
함에게 주셨던 복으로 갚아 주실 것입니다.

‘적선지가 필유여경’(積善之家 必有餘慶)이라는 말이 있습니다.
“선을 행하는 집에는 반드시 경사가 있다.”는 말입니다. 옛날에 집에
많이 붙어 놓았던 글귀입니다.

구제를 좋아하는 자는 풍족하여질 것이요 남을 윤택하게 하는 자는 윤택
하여지리라. (잠 11:25)

수리적인 계산으로는 남에게 주는 것이 손해요, 축이 나는 것 같지만 하나님의 계산법으로는 복을 받습니다. 이것은 샘물의 원리로 설명할 수 있습니다. "샘물을 퍼서 자꾸 사용해야 마르지 않는다. 사용하지 않고 그대로 놔두면 썩거나 물이 마른다."

희망의 말 한 마디가 한 사람의 인생을 바꾼다

세상에는 강도가 많이 있습니다. 칼 든 강도도 있지만 칼만 안 들었지 강도 같은 사람들이 많습니다. 밤에만 강도가 있는 것이 아니라 낮에도 강도짓을 하는 사람들이 있습니다. 이런 사람을 날강도라고 부릅니다.

1964년 어느 날 새벽, 28세 된 술집 지배인 '키티 제노비스'는 일을 마치고 뉴욕 퀸스의 집으로 가다가 강도를 만났습니다. 조용한 주택가 한 길에서 그녀는 칼에 여러 차례 찔리고 겁탈 당했습니다. 그녀는 숨지기까지 거듭 "도와 달라."고 외쳤지만 경찰에 신고한 주민조차 없었습니다. 나중에 경찰이 확보한 현장 목격자만 38명에 이르렀습니다. 이 일로 미국 전역이 충격에 빠졌습니다. 사람들은 냉혹한 무관심과 이기심에 놀랐고 정의가 실종된 미국을 개탄했습니다. 이때 제정된 법이 '착한 사마리아인 법'입니다. 착한 사마리아인 법은 자기가 피해를 보지 않는데도 위험에 빠진 사람을 구조하지 않는 사람을 처벌하는 법입니다.

몇 년 전 미국 캔자스 시의 쇼핑센터 주차장에서 루스 펙이라는 60세 된 할머니의 핸드백을 낚아채어 달아나던 날치기를 쫓던 '조너선

우'(Jonathan U)라고 하는 29세 된 청년이 크게 다쳐 3주 만에 숨지
는 사건이 일어났습니다. 이 청년은 한국 교민으로 광고회사 비디오
제작자인 우홍식 씨인데 날치기가 차를 타고 도주하자 그 차에 매달
려 격투하다가 차를 건물로 돌진시키는 바람에 차와 건물 벽 사이에
끼여 중상을 입고 치료 중에 사망하였습니다. 날치기를 당했던 '펙'
씨는 "우 씨가 인간에 대한 믿음을 새롭게 해 주었다."라고 말하며 우
홍식 씨를 추모하는데 앞장서고 있으며, 미국 언론들은 조너선 우를
의인으로 칭송하고 있습니다.

2억 자루의 총이 풀려 있는 미국에서 한 해에 4만 명 가까운 사람이
총에 맞아 죽습니다. 그런 미국에서 범죄자를 추격하는 것이 얼마나
위험한지 뻔히 알면서도 몸을 사리지 않은 우 씨의 용기는 선한 사마
리아인과 같이 칭송받기에 부족함이 없는 일이라 하겠습니다.

> 어떤 율법사가 일어나 예수를 시험하여 가로되 선생님 내가 무엇을 하여
> 야 영생을 얻으리이까 예수께서 이르시되 율법에 무엇이라 기록되었으며
> 네가 어떻게 읽느냐 대답하여 가로되 네 마음을 다하며 목숨을 다하며 힘
> 을 다하며 뜻을 다하여 주 너의 하나님을 사랑하고 또한 네 이웃을 네 몸
> 과 같이 사랑하라 하였나이다 예수께서 이르시되 네 대답이 옳도다 이를
> 행하라 그러면 살리라 하시니 이 사람이 자기를 옳게 보이려고 예수께 여
> 짜오되 그러면 내 이웃이 누구오니이까?(눅 10:25-29)

선한 사마리아인의 이야기는 어떤 율법사가 예수님께 나아와 예수
님을 시험함으로 시작되었습니다. 율법사는 예수님께 영생의 문제를
질문했습니다. 그러자 예수님은 직접 답을 하지 않고 네가 읽고 배운
율법에는 무엇이라 기록되었느냐고 되물으셨습니다. 율법에 정통했
던 그는 쉽게 대답을 했습니다. 율법사가 하나님 사랑과 이웃 사랑이

라는 율법의 정신을 정확하게 요약해서 말했습니다. 그러자 예수님
께서 "네 대답이 옳도다. 이를 행하라. 그리하면 영생을 얻을 것이
라."라고 대답하셨습니다. 성경 말씀을 잘 알고 있으면서도 사랑을
행치 않는 그들의 약점을 드러내신 것입니다. 그러자 율법사가 지지
않으려고 "그러면 하나님 사랑은 알겠는데 이웃 사랑은 애매합니다.
내 이웃이 누구인줄 정확하게 말씀해 주시겠습니까?"라고 질문한 것
입니다. 이 질문에 대해서도 역시 예수님은 직접 답변하지 않으시고
이야기를 하신 것이 바로 사마리아인의 비유입니다.

> 예수께서 대답하여 가라사대 어떤 사람이 예루살렘에서 여리고로 내려가
> 다가 강도를 만나매 강도들이 그 옷을 벗기고 때려 거반 죽은 것을 버리고
> 갔더라. (눅 10:30)

　예루살렘에서 여리고까지 35Km 정도가 됩니다. 그런데 그 길은
굴곡이 심하고 골짜기가 많아 상인들을 노리는 강도의 출몰이 잦았
습니다. 그래서 보통 혼자서 잘 다니지 않고 여럿이 모여 떼를 이루고
다녔습니다. 그런데 바쁜 일로 급히 혼자 가던 사람이 강도의 표적이
되어 돈을 빼앗기고 칼에 찔려 거반 죽게 된 채 길에 쓰러졌습니다.
이제 타인의 도움 없이는 영영 죽게 된 것입니다.

　오늘날 타인의 도움 없이 죽게 된 강도 만난 이웃이 우리 주변에 많
이 있습니다. 겉으로는 평안한 것 같고 문제가 없는 것 같지만 속을
열면 들어 줄 사람이 없습니다. 그들이 자신의 상처와 한을 쏟아 놓으
면 모두가 한강이 되고 낙동강이 될 만큼 많은 사연들을 가지고 있을
것입니다. 그런데 모두가 자신의 문제에만 집착해 있기 때문에 남의
문제에 귀를 기울이지 않습니다. 그 결과 모두가 회색빛 도시 아파트

불빛 아래서 멍 뚫린 가슴을 안고 살아가고 있는 것입니다.

옛날 '편지'라는 유행가 가사에 "멍 뚫린 내 가슴에 서러움이 물 흐르면 떠나 버린 너에게 사랑 노래 보낸다."라는 가사가 있었습니다. 떠나간 다음에 사랑 노래 보내지 말고 지금 주변에 마음 아파하고 상처를 싸매고 있는 사람을 찾아가야 할 것입니다.

"당신을 사랑합니다. 당신을 오랫동안 걱정했습니다. 당신을 위해 기도해 드리겠습니다. 제가 당신과 함께 하겠습니다."라고 말하는 순간 상대방의 마음이 열리고, 입이 열리고, 마음이 쏟아지게 될 것입니다. 희망의 말 한 마디가 한 사람의 인생을 바꿀 정도로 강하다는 사실을 기억해야 합니다. 우리 마음속에 꿈틀거리는 자비심을 무시하지 말고, 하나님이 일으키시는 사랑의 흐름에 몸을 맡겨야 합니다. 하나님은 우리가 기도에 그치지 않고 행동하기를 원하십니다. 직접 찾아가 사랑과 자비를 실천하라고 말씀하십니다.

주변을 돌아봅시다. 강도 만난 사람들을 찾아봅시다. 나의 작은 사랑을 필요로 하는 형제와 이웃을 향해 귀를 빌려주고 자비의 손을 내밉시다. 자비의 실천으로 아름다운 세상을 만드는 선한 사마리아인들이 되어야 합니다.

따뜻한 사랑의 가슴이 말라버린 사람들

문명이 발달하고 삶이 편리해지고 윤택해져 가고 있지만 사람들의 심성은 그와 반비례해서 피폐해지고 있습니다. 현대인들은 지식은 가지고 있으나 정의롭지 못하고, 합리적이기는 하나 따뜻한 사랑의 가슴이 말라 있고, 세상을 비판하기는 잘하나 자신을 비판하는 데는 비겁합니다. 오히려 배우지 못한 사람보다 배운 사람이, 갖지 못한 사람보다 가진 사람들 중에 그런 경우가 많습니다. 2,000년 전에도 예외는 아니었습니다.

제사장이 누구입니까? 레위인이 누구입니까? 요즈음으로 말하면 목사요, 장로요, 권사요, 집사 아닙니까? 그들은 모두 "그를 보고 피하여 지나갔습니다." 지금 사랑의 눈을 들어보면 어디를 가나 신음하는 사람 천지입니다. 낙심한 사람, 꿈을 잃고 살아가는 사람, 큰 실수로 궁지에 빠져 있는 사람 등등 강도 만난 이웃들이 널려 있습니다. 이들에게 하나님의 무조건적인 사랑이 필요합니다. 희망을 되돌려 주고 치료해 주고 하나님의 자비를 보여 줄 사람이 필요합니다. 그들을 격려해 주고 귀중한 시간을 투자하여 그들의 이야기를 진심으로 들어줄 친구가 필요합니다.

이 세상 사람들은 무엇보다 연민과 무조건적인 사랑에 목말라 있습니다. 물론 우리 모두 바쁩니다. 누구나 자기 일이 있고 중요한 계획이 있습니다. 그래서 많은 사람이 말합니다.

"남의 문제에 신경을 쓸 틈이 어디 있어. 내 문제만 해도 머리가 돌 지경인데."

이런 우리들에게 성경은 말씀합니다.

남의 필요를 채우는 일로 우리 삶의 중심을 삼으면 하나님은 반드시 우리의 필요를 채워 주십니다. 우리의 문제를 하나님께 맡기고 강도 만난 형제에게 다가가면 나의 문제는 하나님께서 책임져 주십니다.

서울 중계동에 있는 하나로교회 이영도 담임목사님과 유정옥 사모님이 있습니다. 이분들은 자신들이 알게 된 강도 만난 이웃들을 한 번도 피하지 않고 돌보았습니다. 자신들의 아들 둘에 부모가 죽은 고아들까지 자식을 삼아 네 자녀를 키웠습니다. 그러던 어느 날 아이들의 외삼촌이 나타나 가난한 목사가 자기 조카들을 끝까지 돌보지 못할 것이라 생각했습니다. 그 사람은 자기가 아이들을 맡아야 하는데 그렇게 하면 이혼하겠다는 아내의 으름장에 고민하다가 고아원에 아이들을 데리고 가서 맡겼습니다. 이 사실을 알게 된 유정옥 사모님은 한 달 동안 하루도 빠짐없이 고아원에 찾아가서 사정을 하여 아이들을 집으로 다시 데리고 왔습니다. 아이들도 그 사랑에 감복해 바르게 자라 고등학교를 장학생으로 다니고 좋은 대학을 나와 사회인으로 성장했습니다. 강도 만난 조카가 자기에게 올까봐 두려워하는 삼촌이 있는가 하면 강도 만난 아이들을 자기 자식으로 키우는 가난한 목사 가정도 있습니다.

사해는 지구상에서 가장 흥미로운 자연 경관 중의 하나입니다. 25%나 되는 염분으로 인해 사해에서는 아무리 맥주병인 사람이라도 물위에 둥둥 뜨게 됩니다. 심지어 물위에 누워 신문을 읽을 수도 있습니다. 호기심이 많은 관광객들은 직접 사해에 몸을 담가 봅니다. 그런데 문제는 물에서 나오면 옆에 있는 사람들이 모두 피해 버립니다. 왜

냐하면 썩은 냄새가 진동하기 때문입니다. 요단강에서 흘러드는 물이 사해로 들어가면 빠져 나갈 통로가 없습니다. 그 결과로 처음에는 맑은 물이 유입되지만 신선했던 물이 고인 상태가 오래 지속되면서 썩어갑니다. 보기에는 아름답고, 연구 가치도 높고, 자연 자원이 풍부해도 사해 물은 마실 수 없을 정도로 썩어 냄새가 나는 물이 되었습니다.

받기만 원하고 주기를 거부하는 이기적인 사람들의 모습이 바로 사해와 같다고 생각합니다. 이기적인 삶은 악취가 나고 변질이 됩니다. 주변에서 사람이 떨어져 나갑니다. 많은 돈을 모으고 풍족한 음식을 먹을 수 있을지는 몰라도 그것은 외로운 삶이 될 것입니다. 더욱이 하나님도 멀리 떠날 지도 모릅니다.

> 주라. 그리하면 너희에게 줄 것이니 곧 후히 되어 누르고 흔들어 넘치도록 하여 너희에게 안겨 주리라. 너희의 헤아리는 그 헤아림으로 너희도 헤아림을 도로 받을 것이니라. (눅 6:38)

강도 만난 형제를 피하지 마십시오. 그에게 기울이는 사랑, 쏟는 물질, 투자하는 시간, 모두 모두 하나님이 계산하고 계심을 믿어야 합니다. 제사장과 레위인처럼 "나는 지금 몹시 바빠. 누구 다른 사람이 하겠지." 또는 "이 다음에 돕지." 이러는 순간 형제는 목숨을 거두게 될 것입니다. 그러면 그 책임을 하나님은 우리에게 물으실 것입니다. 사랑을 흘리는 강물이 됩시다. 자비를 실천하는 냇물이 됩시다. 주변을 돌아보아 강도 만난 형제를 돕고, 자비를 실천하는 선한 사마리아인들이 되어야 합니다.

자비를 베풀면 하나님이 채워주신다

'자비'(慈悲, Mercy)라는 말은 사전에는 "사랑하고 불쌍히 여기는 것"을 말합니다. 불교에서는 "중생들에게 복을 주고, 괴로움을 없게 하는 일"을 말하고, 기독교에서는 "적대자나 율법 위반자들을 벌하지 않고 관용하는 것, 또는 약한 자나 병든 자나 가난한 자를 도와주려는 동정심"을 말합니다. 자비는 참된 그리스도인의 중요한 덕목이자 성령의 열매 중 하나입니다. 그럼에도 불구하고 자비라는 말을 잘 사용하지 않는 까닭은 불교의 대표적인 덕목이 자비이기 때문입니다. 그러나 이렇게 좋은 덕목을 불교에 내어줄 필요가 없습니다.

> 어떤 사마리아인은 여행하는 중 거기 이르러 그를 보고 불쌍히 여겨 가까이 가서 기름과 포도주를 그 상처에 붓고 싸매고 자기 짐승에 태워 주막으로 데리고 가서 돌보아 주고 이튿날에 데나리온 둘을 내어 주막 주인에게 주며 가로되 이 사람을 돌보아 주라 부비가 더 들면 내가 돌아 올 때에 갚으리라 하였으니 네 의견에는 이 세 사람 중에 누가 강도 만난 자의 이웃이 되겠느냐 가로되 자비를 베푼 자니이다 예수께서 이르시되 가서 너도 이와 같이 하라 하시니라. (눅 10:33-37)

세상에는 강도를 만난 사람들도 많고, 그들을 보고도 못 본 체 외면하고 지나가는 사람들도 많지만 불쌍히 여기고 돌보아 주는 사람은 그리 많지 않습니다. 그런데 예수님은 강도 만난 사람을 돌보아 준 사람을 사마리아인이라고 말씀하셨습니다. 여기에는 예수님의 의도가 담겨 있다고 생각합니다.

사마리아는 본래 예루살렘 북쪽 67km 지점에 위치한 도시였으나 나중에는 사마리아성을 중심으로 이스라엘의 중부 지역을 모두 사마리아라고 부르게 되었습니다. 사마리아는 B.C. 722년에 앗수르가 북이스라엘을 멸망시킨 후 민족 혼합 정책을 편 결과 종교적으로 민족적으로 혼혈이 되어 순수성을 상실하게 되었습니다. 그때부터 사마리아인은 더 이상 이스라엘 공동체에 들어올 수 없는 멸시 천대받는 족속이 되었습니다. 이스라엘 사람들은 그들과 함께 먹지도 않고 대화하지도 않았습니다. 이렇게 멸시 천대 받는 사마리아인이 선행을 했다는 것은 말로만 사랑을 부르짖는 완악한 유대 율법주의자들의 위선보다 자비를 실천하는 사람이 진정한 하나님의 자녀라는 메시지를 전하셨던 것입니다. 그리고 율법사에게 되물으셨습니다.

"네 의견에는 제사장, 레위인, 사마리아인 중에 누가 강도 만난 자의 이웃이라고 생각하느냐?"

율법사는 차마 자신의 입으로 사마리아인이라고 대답하기는 자존심이 허락하지 않았습니다. 그래서 "자비를 베푼 자입니다."하고 대답했습니다. 그러자 예수님께서 "가서 너도 이와 같이 하라."고 말씀하셨습니다. "가서 너도 자비를 베풀라."는 말씀입니다. 여기에서 생각할 수 있는 것은 자비는 명사가 아니라 동사라는 사실입니다. 말로만 자비를 말하는 것은 자비일 수 없습니다. 자비는 행동으로 나타나야 비로소 자비가 되는 것입니다. 하나님은 우리가 베푼 자비를 보고 계십니다.

> 그가 경건하여 온 집으로 더불어 하나님을 경외하며 백성을 많이 구제하고 하나님께 항상 기도하더니(행 10:2)

고넬료라는 로마인 백부장은 비록 이방인이었으나 믿음이 좋았습니다. 그는 이스라엘 주둔군 로마 장교였으나 이스라엘 사람들에게 자비를 베풀었습니다. 이것을 하나님께서 보고 계셨습니다.

고넬료의 자비가 넘치는 구제를 하나님께서 기억하시고 기도를 받아 주신 것입니다. 우리가 베풀 때 하나님의 관심이 쏠린다는 사실을 기억하시기 바랍니다.

목욕탕으로 전도를 다니는 사모님이 있었습니다. 하루는 마사지하는 침대 위에 누워 안하무인격으로 소리를 지르는 여인을 보았습니다. 그 여인에게 접근하여 이야기를 들어주는데 열흘이 걸렸습니다. 열흘이 지나니 똑같은 이야기를 반복했습니다. 이젠 가슴에 쌓인 한이 다 풀어졌다고 생각하며 전도하기 시작했습니다. 한 달 만에 교회에 나왔습니다. 교회 내에서 밥도 먹고, 잠도 자고, 부부 싸움한 이야기도 털어 놓았습니다. 사모님은 부부 싸움에서 소리 지르지 않고 화내지 않고, 우아하게 이기는 방법을 가르쳐 주었습니다. 차차 사람이 변하여 눈물로 회개하며 새사람이 되었습니다. 그때부터 세상에 쏟던 관심과 사랑을 교회에 쏟아 붓기 시작했습니다. 교회의 온풍기, 의자, 봉고차, 필요한 것을 알기만 하면 즉시 채워 놓았습니다. 결국은 남편을 전도하여 세례 받게 했습니다. 그 남편은 싸움만 하던 가정에 행복이 왔다고 감사했습니다. 우리가 진정으로 형제를 사랑하고 관심을 갖고 자비를 베풀면 하나님께서 갚아 주십니다.

휴스턴에 있는 레이크우드교회의 존 오스틴 목사님은 교회 건축을 하기로 작정했습니다. 그때 얼마 떨어져 있지 않은 작은 스페인 교회도 똑같이 건축을 추진하고 있었습니다. 어느 주일 아침 존 오스틴 목사님은 건축 특별 헌금을 걷겠다고 광고했습니다. 그런데 그것은 자기 교회가 아니라 이웃에 있는 스페인 교회를 위한 것이었습니다. 그날 수천 달러가 걷혔고 곧바로 그 돈을 전달했습니다. 그리고 오래지 않아 레이크우드교회는 교회 건축을 잘 마치게 되었습니다. 존 오스틴 목사는 고통의 순간에 씨앗을 뿌리는 법을 알았던 것입니다. 지금 그의 아들 조엘 오스틴이 아버지 뒤를 이어 목회하는 레이크우드교회는 7월에 1만 6,000석짜리 야구장을 사들여 이사 가게 된 미국에서 가장 큰 교회가 되었습니다.

존 오스틴 목사님이 뿌렸던 자비의 씨앗이 30배, 60배, 100배로 결실하게 된 것입니다. 하나님은 우리의 작은 선행까지도 지켜보십니다. 남에게 주걱으로 퍼 주면 주걱만큼 복이 돌아오고, 삽으로 퍼 주면 삽만큼 복이 찾아오고, 덤프트럭으로 퍼 주면 복을 가득 실은 덤프트럭이 찾아올 것입니다. 우리가 사람들을 친절하게 대하고 선행을 베풀면 하나님은 또 다른 사람들을 통해 우리 앞에 복을 넘치도록 부어 주십니다.

간척지를 만들려면 바닷물 속에 수없이 돌을 던집니다. 돌을 던지고 또 던져도 여전히 바닷물은 넘실댑니다. 그것만 보면 그곳이 육지가 되리라는 생각은 아무도 못합니다. 그러나 헤아릴 수 없는 많은 돌을 던지면 어느 날 그곳은 바다가 변하여 땅이 됩니다.

당신이 던지는 자비의 돌은 어쩌면 당신의 때에는 보이지 않을 것입니다. 그러나 그 자비의 돌이 당신의 자녀를 물에 빠지지 않도록 떠받쳐 주게 될 것입니다. 이런 것을 경험한 시편 기자는 다음과 같이 고백했습니다.

> 내가 어려서부터 늙기까지 의인이 버림을 당하거나 그 자손이 걸식함을 보지 못하였도다. 저는 종일토록 은혜를 베풀고 꾸어 주니 그 자손이 복을 받는도다. (시 37:25-26)

우리 모두 자비의 힘을 믿읍시다. 자비는 명사가 아니라 동사입니다. "너도 가서 이와 같이 하라." 강도 만난 이웃의 아픔을 외면하고 피해 지나가는 외식하는 신앙인이 되지 말고, 아픔을 함께 나누고, 불쌍히 여기며 형제를 돌아보는 자비를 실천합시다.

나는 진리의 힘을 믿는다

진리는 자유케 하는 깨달음이다 전 12:9-14

"하나님의 뜻을 아는 것, 그것이 최고의 지식이다."
조지 투루엣

　　운동을 하지 않다가 갑자기 운동을 하면 근육이 놀라고 관절이 충격을 받아 아프게 마련입니다. 워낙 운동 체질이 아니라 숨쉬기 운동 외에 운동을 하지 않는 저로서는 소망이 하나 있다면 운동해서 몸이 건강하게 되는 것입니다. 그래서 배드민턴을 배운다고 이틀 레슨을 받으면 근육통에다가 관절이 쑤셔서 일주일을 쉽니다. 또 탁구를 쳐봅니다. 옛적에 제법 쳤기 때문에 폼을 잡고 라켓을 휘두르고 나면 여기저기가 며칠 동안 쑤십니다. 그래서 물리 치료를 받았습니다. 그랬더니 운동부터 할 것이 아니라 스트레칭부터 하라는 충고를 들었습니다. 그러면서 스트레칭을 가르쳐 주는데 학창 시절에 했던 보건 체조와 별로 다를 것이 없었습니다. 그래서 "보건 체조하면 되겠군요."라고 말했더니 "목사님은 보건 체조만 하루에 10분씩 한 달만 해도 몸이 좋아질 것입니다."라는 말을 들었습니다.

절 대 믿 음

그때서야 학교에서 애국 조회를 할 때마다, 또 체육 시간마다 왜 시간을 들여서 보건 체조를 했는지 비로소 깨달았습니다. 하찮게 생각했던 보건 체조가 건강에 그렇게 좋은 것이라는 것을 나이 50이 넘어서야 깨달은 것입니다. 그래서 "철들자 망령이다."라고 옛 어른들이 말씀하신 것 같습니다. 무엇이든지 일찍 깨달을수록 행복한 것입니다.

공자님께서 말씀하셨습니다.

'조문도 석사가의'(朝聞道 夕死可矣), "아침에 도를 깨우치면 저녁에 죽어도 좋으니라."라는 뜻입니다. 깨달음에 관한한 불교의 석가모니를 빼놓을 수 없습니다. 불교의 최고의 목적은 수행과 실천을 통해 깨달음을 얻는 것입니다. 타종교와 다른 것은 인간의 마음을 밝혀 깨달음을 얻으려는 것입니다. 인간의 괴로움은 어리석은 행동에서 오는 것이므로 깨달음을 얻어서 괴로움을 이기고 즐거움을 얻으라는 것입니다. 마음을 닦아 번뇌와 망상을 끊고 모든 복덕을 성취하면 모두 다 부처가 될 수 있다는 것이 불교의 가르침입니다.

그래서 엄격하게 말하면 부처님을 믿는 것이 아니라 깨달음을 얻은 석가모니를 본받아 부처가 되자는 것이 불교의 가르침입니다. 그러면 석가모니가 깨달은 것이 무엇입니까? 인간은 누구나 번뇌가 있기 때문에 자기의 노력으로 탐내는 마음, 성내는 마음, 어리석은 마음을 떠나서 생로병사의 괴로움을 벗어나 생사 해탈하는 대 자유인이 되는 것입니다.

인생은 본래 허무한 것임을 깨닫고 어떤 일에도 흔들리지 않는 상태에 이르는 것을 깨달음의 경지로 생각하는 것입니다. 이런 면에서 볼 때 전도서를 기록한 솔로몬도 인생의 허무함을 깨달은 사람입니다. 솔로몬은 명군인 다윗의 아들로 태어났습니다. 최고의 지위를 얻었습니다. 최고의 지혜를 가졌습니다.

솔로몬은 최고의 부귀영화를 누렸습니다. 병거가 1,400대에 마병이 1만 2,000명이나 되었고, 후비가 700명에 빈장이 300명이나 되었습니다. 은을 돌 같이 썼고, 백향목을 뽕나무처럼 사용하기도 했습니다. 6.8kg 짜리 금방패 200개, 2kg짜리 금방패 300개를 가졌고, 그릇은 전부 금그릇을 사용했습니다. 이런 솔로몬이 노년에 고백한 것이 바로 전도서입니다. 쾌락과 돈과 명예와 학문을 모두 추구해 본 결과 인생의 모든 것이 허무하다고 고백합니다.

전도자가 가로되 헛되고 헛되며 헛되고 헛되니 모든 것이 헛되도다.

(전 1:2)

우리 같은 사람이 이런 말을 하면 전혀 어울리지 않습니다. 무엇하나 제대로 가져 보고, 잡아 보고, 누려 본 것이 없기 때문입니다. 그런데 솔로몬의 말이라면 수긍이 갈 것입니다. 모든 것을 다 체험해 본 다음에 깨달을 수는 없지 않겠습니까? 선각자의 경험을 통해서라도 일찍 깨닫는 사람이 참된 지혜자입니다.

본문 말씀은 전도서의 결론 부분입니다. 솔로몬은 물질로도, 쾌락으로도, 명예로도, 지혜로도 얻을 수 없는 깨달음을 전해 주고 있습니다. 이 말씀을 통해 진정한 깨달음을 얻고 허무와 고독을 극복하고 "나는 찾았다.", "나는 만났다.", "나는 깨달았다."라고 외치며 인생을 승리해야 합니다.

진리 되시는 예수 안에서 누리는 자유

사람은 누구나 자유를 원합니다. 자유에 관해 가장 유명한 격언이 있습니다.

“자유가 아니면 죽음을 달라.”

패트릭 헨리(Patrick Henry)

이 말은 영국의 지배 하에서 독립 운동을 하던 미국의 변호사 패트릭 헨리가 1775년 4월 23일 버지니아 식민지 의회에서 행한 연설에 담긴 내용입니다. 이 연설이 미국 독립 전쟁의 도화선이 되었습니다. 자유 없이 산다는 것은 죽음보다 나을 것이 없다는 뜻입니다. 그래서 역사는 자유를 위한 투쟁으로 점철되어 왔습니다.

히브리 노예들이 투쟁하며 자유를 찾아가는 과정이 출애굽기 이야기입니다. 로마의 무력 앞에 자유를 위해 분연히 일어났던 노예들의 이야기가 “스팔타커스”(Spartacus)입니다. 흑인 노예들의 자유를 위해 남과 북이 피 흘리고 싸운 전쟁이 미국의 남북 전쟁입니다. 일본 제국주의의 무력 앞에 민족의 자유를 외치며 일어났던 운동이 1919년 기미독립운동입니다. 흑인 차별 정책에 항거하여 흑인들의 진정한 자유를 외친 것이 마틴 루터킹 목사의 자유의 행진이었습니다. 이렇게 자유를 잃어버리고 압박받던 약자들이 죽음을 무릅쓰고 일어나 투쟁한 끝에 자유를 얻게 되었습니다. 이렇게 조금씩 신장된 자유를 오늘날 우리가 향유할 수 있게 되었습니다.

전도자가 지혜로움으로 여전히 백성에게 지식을 가르쳤고 또 묵상하고 전도자 솔로몬이 노년에 인생의 결론으로 얻은 바를 선언적으로 고백하기를 "내가 정직하게 진리를 증거한다."는 것입니다.

세상에서는 자유를 투쟁해서 얻을 수 있다고 가르칩니다. 그래서 수많은 전쟁과 혁명과 불의에 항거하는 운동이 일어난 것이 사실입니다. 특히 공산당은 투쟁과 혁명을 통해 자유를 쟁취해야 한다고 가르칩니다. 그래서 그들은 전쟁도 불사합니다. 과연 피로 얻은 자유가 온당하게 지켜졌습니까? 피는 또 다른 피의 보복을 부르게 되어 있습니다. 그렇다면 진정한 자유는 어떻게 얻을 수 있습니까? 진정한 자유는 진리를 알 때 얻을 수 있습니다.

로마의 우르반 대학교 강당에 표어가 하나 붙어 있어서 드나드는 모든 사람들의 주목을 끌었습니다.

"그리고 그 다음에는, 그리고 그 다음에는 영원이다. 영원이다."

이것은 이 대학 설립자의 의도에 따라 정문에 설치된 것입니다.

오래 전에 로마대학교 법대 졸업반에 어렵게 공부하는 고학생이 있었습니다. 그 학생은 열심히 공부했지만 학비가 마련되지 않아 이곳저곳으로 도움을 요청했으나 도와줄 사람을 찾지 못하고 있었습니다. 그때 친구들로부터 희망적인 소식을 들었습니다. 필립 네리라는 신앙 좋은 귀부인이 있는데 대학생들을 많이 돕는다는 정보였습니다. 그래서 그 부인을 찾아갔습니다. 그리고 법률을 공부하기 원하는 자기의 뜻을 이야기했습니다. 법학을 공부한 후에 변호사가 되어 이

세상의 어려운 사람들을 돕고 살겠다고 뜻을 밝히고 도와달라고 요
청을 하자 네리 여사는 선뜻 장학금을 내 주고 학생에게 공부를 열심
히 하라고 격려하여 주었습니다.

얼마나 고마운 일입니까? 학생이 눈물을 흘리면서 거듭 감사의 인
사를 하며 문을 나서려는 순간 부인이 학생을 다시 부르더니 물었습
니다.

"그 장학금 가지고 가서 무엇부터 하시겠습니까?"

"먼저 등록해서 공부를 시작하겠습니다."

부인이 다시 묻습니다.

"그리고 그 다음에는요?"

"그 다음에는 열심히 공부해서 대학을 졸업하겠습니다."

"그리고 그 다음에는요?"

"사법고시를 보고 변호사가 되겠습니다."

"그리고 그 다음에는요?"

"열심히 일하여 돈을 많이 벌겠습니다."

"그리고 그 다음에는요?"

"저처럼 불우한 환경에서 공부하는 학생들을 돕고, 불쌍한 사람들
을 돕겠습니다."

"그리고 그 다음에는요?"

"돈을 좀 벌어 모으게 되면 사회사업을 하겠습니다."

"그리고 그 다음에는요?"

"그리고 …, 그 다음에는 늙겠지요."

"그리고 그 다음에는…?"

"나이 먹어 죽겠지요, 뭐."

“그리고 그 다음에는…?”

“글쎄요.”

갑자기 부인이 호통을 쳤습니다.

“청년, 그 다음도 모르면서 무슨 공부를 한단 말입니까? 아까 당신에게 준 장학금 돌려주시오.”

청년은 매우 당황했고 곤혹스러웠습니다. 그래서 그 다음에는 무엇을 해야 할 것인가를 물었습니다. 그랬더니 부인은 그 다음에 할 일을 다음 학기 장학금을 받으러 올 때까지 생각해 오라고 일러 주었습니다. 이 학생이 ‘그 다음에’를 계속 생각하다가 영생을 생각하게 되었고, 영생은 예수 믿고 하나님의 자녀가 되는 길밖에 없다는 것을 깨닫게 되었습니다. 영생의 진리를 깨달은 그는 로마대학에서 하던 법학 공부를 그만두고 우르반대학으로 편입하여 신학 공부를 하게 되었고, “그리고 그 다음에는 영생이다.”라고 붙여 놓은 것입니다.

진리를 알지니 진리가 **너희**를 자유케 하리라. (요 8:32)

진리를 모르는 채 학문을 아무리 해도, 돈을 아무리 모아도 기쁨도 없고 자유도 없습니다. 진리를 알아야 합니다. 예수님은 길이요, 진리요, 생명이 되십니다. 진리되시는 예수님 안에서 진정한 자유를 누려야 합니다.

하나님의 뜻을 아는 것이 최고의 지식이다

미당 서정주 시인이 남긴 말 중에 유명한 말이 있습니다.

“나를 키운 건 팔 할이 바람이다.”

여기에서 '바람'을 어떻게 해석하느냐에 따라 내용이 크게 달라집니다. 첫 번째 '바람'(風)은 '공기의 움직임'을 말하고, 두 번째 '바람'(希望)은 '이루어지기를 바라는 것'을 말하며, 세 번째 '바람'(난봉)은 '몰래 다른 이성과 관계를 갖는 것'을 말합니다. 첫 번째 바람이라면, 시대에 유행했던 풍조가 나를 키웠다는 말로 해석할 수 있습니다. 두 번째 바람이라면, 희망이 자신을 키워 준 원동력이라는 말입니다. 세 번째는 해당되지 않는 말 같습니다.

그러면 여러분은 무엇이 자신을 키웠고 이끌어 왔다고 생각하십니까? 어머니의 사랑, 아버지의 기대, 돈, 실력, 배경, 지식, 건강, 행운 등등 이라고 생각할 수 있을 것입니다.

솔로몬도 우리와 똑같은 생각을 했습니다. 그러나 그가 인생을 여러 가지로 다양한 경험을 한 후에 내린 결론은 하나님의 말씀이 자신을 이끌어 간다는 것을 깨달았다는 것입니다.

> 지혜자의 말씀은 찌르는 채찍 같고 회중의 스승의 말씀은 잘 박힌 못 같으니 다 한 목자의 주신 바니라. 내 아들아 또 경계를 받으라. 여러 책을 짓는 것은 끝이 없고 많이 공부하는 것은 몸을 피곤케 하느니라. (전 12:11-12)

사람들의 지식을 탐구하는 욕구는 끝이 없습니다. 그래서 끊임없이 공부합니다. 대학을 나오고 대학원을 나오고, 유학 가서 박사 코스를 밟고, 박사가 된 후에는 포스트 닥터(Post Doctor)라고 박사 후 과정을 또 하기도 합니다. 주변의 목사님들을 봐도 얼마나 끊임없이 공부하는지 모릅니다.

공부하는 것만큼 몸을 피곤하게 하는 것이 없습니다. 세종대왕은 왕자 시절에 얼마나 공부 벌레였는지 밤늦게까지 책을 보다가 병이

나기도 했습니다. 그래서 태종이 책을 빼앗아 감춘 적이 있다고 「조선실록」에 나올 정도로 공부를 좋아했습니다.

공부를 많이 하는 것, 지식을 쌓는 것은 참 좋은 일입니다. 그러나 더 중요한 것은 하나님의 말씀을 읽고 듣고 마음에 새기는 일입니다.

11절에 "지혜자의 말씀", "스승의 말씀"은 "한 목자"의 주신 바라고 했는데 한 목자는 하나님을 뜻합니다.

> 요셉을 양떼 같이 인도하시는 이스라엘의 목자여 귀를 기울이소서. 그룹 사이에 좌정하신 자여 빛을 비취소서. (시 80:1)

하나님은 우리의 목자가 되십니다. 양떼인 우리는 목자의 말씀을 잘 들어야 합니다. 이렇게 하나님의 말씀을 마음에 새기면 찌르는 채찍이 뼛속 깊숙이 아픔으로 전달되는 것처럼, 잘 박힌 못이 벽에 든든히 박혀 건물을 지탱해 주는 것처럼, 하나님의 말씀이 인생을 복된 길로 인도합니다.

저의 경험을 이야기하자면 교회 고등학교 졸업 선물로 청년부에서 토마스 아 켐피스의 「그리스도를 본받아」라는 책을 선물로 받았습니다. 그때 책 안에 예레미야 33장 3절 말씀을 붙여 주었는데 그 말씀이 제 마음에 새겨졌습니다.

> 너는 내게 부르짖으라. 내가 네게 응답하겠고 네가 알지 못하는 크고 비밀한 일을 네게 보이리라. (렘 33:3)

그래서 저는 평생 부르짖는 기도가 습관이 되었습니다. 조지 투루엣(George Truett)이라는 목사님이 이런 말을 했습니다.

"하나님의 뜻을 아는 것, 그것이 최고의 지식이다."   조지 투루엣

하나님의 뜻을 어디에서 알 수 있습니까? 성경 말씀입니다. 세상의
많은 사람들은 돈이 인생을 행복하게 이끌어 줄 것이라고 생각합니
다. 과연 그럴까요?

1923년 미국의 시카고에 에드워드 비치 호텔에서 미국의 최고 갑
부 일곱 사람이 모였습니다. 일곱 사람의 재산을 합치면 미국 재무부
의 재산을 능가할 것이라고 신문은 기록했습니다. 그로부터 25년 후
그들 일곱 명의 생애를 추적한 기사가 실렸습니다.

찰스 슈와브(강철회사 사장) : 만년에 거지가 되어 죽었다.
아서 카튼(세계 최고 곡물 거래업자) : 파산 후 객지에서 무일푼으로 혼자
쓸쓸히 죽었다.
리처드 위트니(뉴욕은행 총재) : 감옥에서 죽었다.
엘버트 홀(재무장관) : 감옥에서 보석으로 나와 죽음을 기다리고 있었다.
J. C. 리버모아(월스트리트 회장) : 사업에 실패하여 자살했다.
리온 프레이저(국제은행 총재) : 사업에 실패하여 자살했다.
이반 크루컬(부동산업계 거부) : 자살 미수로 치료 중이었다.

돈이 사람을 행복한 길로 인도하지 않는다는 것을 알아야 합니다.
권력은 어떻습니까? 이승만, 윤보선, 장면, 김영삼, 김대중, 노무현,
어느 분 하나 행복하고 부러워할 분이 있습니까? 그렇다면 말씀을 따
라 살기로 작정해 보아야 할 것입니다.

옛날 바그다드의 왕국에 왕자가 강에서 놀다가 급류에 휩쓸려 실종되었습니다. 왕은 군대를 동원해서 사랑하는 아들을 찾기 위해 혼신을 기울여 노력했으나 찾지 못했습니다. 크게 낙망하고 장례를 치르고 몇 주 후에 강 하구의 바위섬에 왕자가 살아 있는 것을 발견해서 큰 경사가 났습니다. 어떻게 그동안 살 수 있었는지 왕이 물었더니 왕자가 뜻밖에 하는 말이 강물에 떠내려가다가 바위에 걸려 바위 위에 올라가 앉아 있는데 매일같이 가죽 주머니 하나가 떠내려 왔는데 그 속에 빵이 들어 있었다는 것입니다. 그 가죽 부대가 어떻게 생겼냐고 왕이 묻자, 왕자는 그 가죽 부대는 여느 가죽 부대와 다를 바 없었으나, 거기에는 모하메트벳 핫산이란 이름이 새겨져 있었다고 대답을 했습니다. 그래서 왕은 자기 나라에 그런 이름을 가진 사람을 찾았습니다. 그런데 강가에 정말 그 사람이 살고 있었습니다. 왕 앞에 불려 나온 그에게 왜 그런 일을 했냐고 물었더니 "성경 말씀대로 해 본 것입니다."라고 대답했답니다.

너는 네 식물을 물 위에 던지라. 여러 날 후에 도로 찾으리라. (전 11:1)

왕은 왕자의 생명을 구해 준 은인에게 크게 사례하고 높은 벼슬을 내렸다고 합니다. 말씀을 따라 사는 것이 행복의 길임을 믿어야 합니다.

주의 말씀은 내 발에 등이요 내 길에 빛이니이다. (시 119:105)

말씀에 사로잡혀야 인생을 행복하게 살 수 있습니다. 말씀에 이끌려 천국까지 가야 합니다.

영생복락의 심판 기준은 예수 그리스도이다

인생을 살면 살수록 녹녹하지 않다는 것을 깨닫게 됩니다. 공부하고, 노력하지 않고 상급학교 진학할 방법이 없습니다. 땀 흘리고 노력하지 않고 돈 벌 방법이 없습니다. 과정마다 입시 시험, 진급 시험이 반드시 있습니다. 그 과정을 생각하고 편법을 쓴 사람은 반드시 사고나 탈이 나게 되어 있습니다.

제가 어릴 때 공부를 안 하고 놀고 다닐 때는 좋았는데 그것을 따라 잡느라고 방송통신대학 행정학과 학사 자격을 따는데 11년이 걸렸습니다. 신학대학원을 36세에 졸업했습니다. 그래서 인생에 공짜란 절대 없는 것을 깨달았습니다. 이회창 씨는 아들이 군대에 가지 않은 것 때문에 두 번이나 대통령 선거에서 패하고 말았습니다. 그런데 이 세상에서만 시험이 있고 심판이 있는 것이 아닙니다.

> 일의 결국을 다 들었으니 하나님을 경외하고 그 명령을 지킬지어다. 이것이 사람의 본분이니라. 하나님은 모든 행위와 모든 은밀한 일을 선악 간에 심판하시리라. (전 12:13-14)

인류 역사상 가장 지혜로운 사람이라는 평가를 받은 솔로몬의 이야기입니다. 자신의 수많은 경험을 다 말한 후에 결론에 해당되는 말입니다. 하나님을 경외하고, 하나님을 두려워할 줄 알라는 것입니다. 하나님은 보이지 않지만 지금도 시퍼렇게 살아 계십니다. 하나님은 분명히 살아 계십니다. 단지 하나님의 심판하시는 것이 어떤 때는 더디기 때문에 느낄 수 없을 뿐입니다.

지금 이 시간에도 지구는 돌고 있습니다. 엄청나게 빠른 속도로 돌고 있습니다. 지구의 자전 속도는 초속 466km이고, 시속 1,660km입니다. 지구의 공전 속도는 초속 29.8km이고, 시속 10만 8,000km입니다. 이것을 느끼시는 분이 있습니까? 없습니다. 이것이 하나님의 은혜입니다. 이것을 느끼면 어지러워서 죽습니다. 이 속도로 돌 때 일어나는 소리가 들립니까? 들리면 고막이 터져 죽습니다. 너무 큰 것과 너무 빠른 것을 듣지 못하고, 느끼지 못하게 만드신 하나님의 섭리에 감사하시기 바랍니다. 하나님의 심판의 수레바퀴가 크기 때문에 느끼지 못할 뿐이지 반드시 심판이 있습니다. 인간은 어느 길을 가더라도 심판을 피할 수 없습니다.

> 한 번 죽는 것은 사람에게 정하신 것이요, 그 후에는 심판이 있으리니
>
> (히 9:27)

사람들 중에 많은 사람이 한 번 죽으면 그만이라고 생각합니다. 그리고 사람이 한 번 죽지 두 번 죽냐고 말합니다. 그렇지 않습니다. 사람이 죽는 것으로 끝이라면 "케세라세라"(될 대로 되라) 하면서 아무렇게나 살면 그만일 것입니다. 그러나 반드시 죽음 후에 심판이 따릅니다. 한 부류는 영생 천국으로, 한 부류는 영벌을 받아 지옥으로 떨어집니다.

> 귀 있는 자는 성령이 교회들에게 하시는 말씀을 들을지어다. 이기는 자는 둘째 사망의 해를 받지 아니하리라. (계 2:11)

첫째 사망은 육신이 죽는 것을 뜻하고, 둘째 사망은 심판받아 영혼이 저주받고 지옥에 떨어지는 것을 뜻합니다. 그러면 어떤 사람은 천국에서 영생복락을 누리고, 어떤 사람은 지옥에서 영원한 형벌을 받

을까요? 그 심판의 기준이 바로 예수 그리스도입니다.

> 큰 소리로 외쳐 가로되 구원하심이 보좌에 앉으신 우리 하나님과 어린 양
> 에게 있도다. (계 7:10)

하나님이 우리를 구원하실 때 어린양 예수 그리스도를 믿느냐를 보십니다. 예수님은 하나님의 아들로서 이 땅에 오셔서 어린양처럼 피흘려 죽으심으로 우리의 죄를 담당하셨습니다. 그러므로 누구든지 예수를 믿으면 멸망치 않고 영생을 주시기를 하나님께서 약속하신 것입니다. 그러므로 예수님을 믿는 사람들에게도 심판이 있지만 심판이 심판이 아니라 천국을 보장하는 시상대가 되는 것입니다. 공부 안 하고 농땡이 친 학생에게는 시험이 시험으로 되지만, 공부를 열심히 한 우등생에게는 시험이 상급 받고 장학금을 받는 기회가 되는 것과 마찬가지입니다. 그러므로 예수를 믿는 사람들은 죽음 앞에서도 겁을 내지 않고 평안하고 담대할 수 있습니다.

> 하나님이 세상을 이처럼 사랑하사 독생자를 주셨으니 이는 저를 믿는 자
> 마다 멸망치 않고 영생을 얻게 하려 하심이니라. (요 3:16)

예수님을 믿는 사람은 심판이 두렵지 않습니다. 그 이유는 사랑의 하나님을 아버지로 부르게 되기 때문입니다. 예수님을 구세주로 믿고 하나님을 아바 아버지라 부르며 영원한 천국을 향해 기쁨으로 순례의 길을 걸어야 합니다.

나는 온유의 힘을 믿는다

온유는 강함을 이기는 부드러움이다 마 11:28-30

세상은 강자의 논리가 지배합니다. '강한 자만이 살아남는다.', '이겨야 산다.' 라고 어려서부터 교육을 받고, 세뇌당한 채 살아갑니다. 세계 정복의 야망을 불태웠던 알렉산더, 징기스칸, 나폴레옹, 히틀러와 같은 이들은 강한 자만이 살아남는다는 논리를 가지고, 무력으로 세계를 정복해 나갔습니다. 그러나 결국 그들은 실패했습니다. 그런데 사랑을 외치다 패배한 사나이 예수 그리스도는 2,000년이 지난 오늘 세계를 정복하고 말았습니다. 이것이 바로 사랑의 힘이요, 온유의 힘입니다.

알렉산더는 30세에 세계를 정복한 불세출의 영웅이었습니다. 그런데 술에 취하면 안하무인이 되고, 지혜가 흐려졌습니다. 술 취한 채, 홧김에 가장 사랑하는 친구에게 창을 던져 죽이고, 점령한 왕국의 찬란한 문화 도시를 불 질러 버리는 만행을 저지르기도 했습니다. 그래

절 대 믿 음

서 지혜자는 이렇게 말합니다.

> 노하기를 더디하는 자는 용사보다 낫고 자기의 마음을 다스리는 자는 성을 빼앗는 자보다 나으니라. (잠 16:32)

그래도 세상 사람들은 강한 자를 따르고, 강한 자가 되기를 원합니다. 철학자 프리드리히 니체 (Friedrich Nietzsche)는 온유함을 '약자의 덕'이라고 경멸하며, 초인 (Superman)은 친절의 관념을 버려야 한다고 외쳤습니다. 니체의 철학을 그대로 받아들여 실천한 사람이 아돌프 히틀러(Adolf Hitler)입니다. 그의 잘못된 철학은 유태인 600만 명을 학살하는 만행을 저지른 것입니다. 이들은 온유함이 진정한 의미에서 '강자의 덕'인 것을 몰랐던 것입니다.

세상에서 폭력을 행사하며 타인을 지배하는 인간이 장수하고, 이빨이 날카롭고, 발톱이 긴 짐승이 장수할 것 같지만 결과는 그와 반대입니다. 성경에 등장한 인물을 봐도 주먹을 쓰던 가인은 동생을 죽이고 숨는 도피자가 되었고, 칼을 휘두른 사울왕은 칼에 죽고 말았습니다. 그러기에 온유는 신앙의 바로미터입니다.

> 온유한 자는 복이 있나니 저희가 땅을 기업으로 받을 것임이요. (마 5:5)

예수님께서 산상수훈에서 하신 말씀입니다. 온유(溫柔)는 헬라어로 '프라우스'라 하고 '겸손', '친절', '용서', '자선'의 의미를 포함한 단어입니다. 한 마디로 '성질이 온화하고, 부드러움'을 뜻합니다. '프라우스'라는 단어를 보다 더 확실히 이해하기 위해서는 어떨 때 사용되었는가를 살펴보아야 합니다. 야생마를 붙잡아 길을 들여서 주인이 안장을 얹고 말을 탈 수 있을 때 "프라우스!"라고 외칩니다. 그러니까 온유를 이와 같이 정의할 수 있습니다. 온유는 굉장한 힘이 어떤 일정한 방향을 향해서 조절되어 나타나는 상태를 말합니다. 이런 면에서 구약의 난해 구절의 하나인 민수기 12장 3절을 이해할 수가 있습니다.

"이 사람 모세는 온유함이 지면의 모든 사람보다 승하더라."

모세는 성격이 강하고 급한 사람입니다. 온유하고는 거리가 먼 사람같이 느껴지는데, 모세가 가장 온유하다고 하나님께서 말씀하였습니다. 하나님이 편애하시는 것이 아닙니다. 모세는 하나님께 대하여 자기의 힘을 조절하여 순종할 줄 아는 사람이었다는 뜻입니다.

'온유'는 히브리말로는 '아나우'라 하고, '핍박을 받음', '가난함', '낮고 비천함'의 의미를 갖고 있습니다. 모세가 자기 자신을 의지하지 않고, 오로지 하나님 앞에 낮고 비천한 사람처럼 순복했다는 뜻입니다. 구약의 온유는 주로 하나님과의 관계를 나타내고 있고, 신약의 온유는 주로 인간과의 관계를 나타내는 데 사용되고 있습니다.

미국 매사추세츠 주 그레이스 채플의 고든 맥도널드(Gordon MacDonald) 목사는 온유에 대해 이렇게 정의를 내렸습니다.

"온유는 하나님께 대한 전적인 순복이며, 사람들에 대한 정중함이요, 행악자들에 대한 인내이며, 원칙에 대한 충실이다."

20세기 최고의 성경주석가이자 설교가인 윌리엄 바클레이(William Barclay) 목사님은 온유에 대해 이렇게 정의를 내렸습니다.

"온유란 분노할 만 한 때에는 분노하고, 분노해서 안 될 때에 분노하지 않는 것이다.”

이상에서 살펴보았듯이 온유는 단순히 부드럽고, 착한 것이 아니라 절제된 힘, 바르게 사용할 줄 아는 마음을 뜻하는 것입니다

수고하고 무거운 짐진 자들을 품어 주시는 예수님의 마음

‘그리스도인’(Christian)이라는 말은 수리아 안디옥에서 교회 밖의 사람들이 그리스도의 제자들에게 붙인 명칭에서 시작되었습니다.(행 11:26) 즉, ‘그리스도에게 속한 자’, ‘그리스도를 따르는 자’를 말합니다. 처음에는 멸시의 뜻으로 사용되었으나 후에는 신자들의 명예로운 이름이 되었습니다. 우리 그리스도인들은 ‘그리스도를 따르는 자’입니다. 왜 그리스도를 따릅니까? 예수님을 닮기 원하여 따르는 것입니다.

다음은 찬송가 518장 ‘신자 되기 원합니다’의 4절 가사입니다.

예수 닮기 원합니다 진심으로 진심으로
예수 닮기 원합니다 진심으로 진심으로
진심으로 예수 닮기 원합니다 진심으로 아멘

여러분은 예수님의 무엇을 닮기 원하십니까? 기적을 베푸는 능력, 군중들을 감화시키는 설득력, 병을 고치는 신유의 은사, 바다 위를 걸으시는 초능력, 사람의 마음을 꿰뚫어 보는 독심술, 얼마나 닮고 싶은 것이 많겠습니까? 그런데 예수님께서는 그런 것이 아니라 나의 온유한 마음을 닮으라고 말씀하셨습니다.

수고하고 무거운 짐진 자들아, 다 내게로 오라, 내가 너희를 쉬게 하리라.
나는 마음이 온유하고 겸손하니(마 11: 28-29상)

이 초청이 얼마나 위대한 초청인 줄 아십니까? 이 초청은 전 인류를 향한 초청이며, 오고 오는 모든 세대의 인류를 향한 초청입니다. 인간은 누구나 수고하고, 무거운 짐을 지고 있습니다. 그래서 이 문제를 해결해 주겠다고, 수많은 사람들이 나타났습니다. 그들은 한결같이 "나는 능력이 있다.", "나는 강하다.", "내가 너희들에게 빵의 문제, 죽음의 문제를 해결해 주겠다.", "나는 그런 능력이 있다."라고 외쳤습니다.

그런데 예수님은 다른 사람들의 외침과는 정반대의 외침이었습니다. "나는 온유하고, 겸손하다."라는 것입니다. 누가 연약한 사람에게 인생의 문제를 맡기겠습니까? 이것은 실패한 초청장 같이 보입니다.

그러나 여기에 비밀이 담겨 있습니다. 예수님은 하나님께서 보내신 독생자입니다. 그러므로 예수님은 하나님께 대해 전적으로 순복하셨다는 의미에서 온유하신 것입니다. 하나님은 사람들에 대해서는 불쌍히 여기는 사랑을 담으시고, 죄 지은 사람들에 대해서는 오래 참으시고, 사탄의 세력에 대해서는 분노하시는 분이십니다. 이것이 바로 온유라는 것을 앞에서 말씀드렸습니다. 우리가 본받아야 할 예수님의 마음이 바로 이런 온유한 마음입니다.

예수님은 하나님의 명령에 순종하셔서 십자가를 지시고, 죽으시기까지 복종하셨습니다. 제자들을 사랑하시되 끝까지 사랑하셨습니다. 불의한 바리새인과 대제사장에 대해서는 불같이 분노하셨습니다. 이것이 우리가 본받아야 할 예수님의 온유한 모습입니다. 이 모습을 가지면 우리의 마음은 잔잔한 호수같이 될 것입니다.

어린이 찬송가에 '예수님의 마음은' 이라는 곡이 있습니다. 그 찬양의 가사를 보면 이렇습니다.

예수님의 마음은 고요한 연못
달밤에 피어나는 연꽃잎처럼
우리들을 다정히 품어 주어요
우리들을 다정히 품어 주어요

("예수님의 마음은", 이태선 작사)

예수님의 마음을 가져야 합니다. 하늘을 오르고 내리는 기도의 능력을 가지는 것보다, 수많은 사람을 움직이는 설교보다, 많은 사람이 우러러보고 따르는 지위보다 더 추구해야 할 것은 온유하고, 겸손하신 예수님의 마음을 본받는 것입니다.

"그리스도의 온유는 그리스도인이 착용할 수 있는 가장 아름다운 장신구이다."

존 아노트(John Arnot, 토론토 에어포트교회 담임목사)

다이아몬드 반지보다, 금 목걸이, 진주 귀걸이보다 더 귀한 것이 온유한 예수님의 마음입니다. 이 마음을 본받는 사람이 진정으로 승리하는 구도자입니다.

오직 온유한 자는 땅을 차지하며 풍부한 화평으로 즐기리로다. (시 37:11)

온유한 자는 땅을 잃을 것 같은데, 땅을 차지한다고 말씀합니다. 마태복음 5장 5절에서 예수님께서도 온유한 자가 땅을 기업으로 받을 것이라고 말씀하셨습니다. '과연 그렇게 될 수 있을까?' 우리의 생각으로는 의문이 생깁니다.

창세기 4대 족장 중에 가장 온유한 사람이 이삭입니다. 아버지 아브라함 같은 모험심도 믿음도 없고, 아들 야곱같이 악착같지도 못하고, 손자 요셉같이 모진 고난도 겪지 않았습니다. 그런데도 복을 많이 받았습니다. 가는 데마다 우물을 파면 샘물이 솟구쳐 나왔습니다. 그것을 보고 그 지방의 왕들이 시기하여 쫓아냈습니다. 그때마다 아무 저항도 하지 않고 쫓겨났습니다. 창세기 28장에만 여섯 번을 옮겨 다닌 것으로 기록되어 있습니다. 그런데 놀라운 것은 옮길 때마다 소떼와 양떼가 늘고, 샘을 팔 때마다 샘물이 솟구쳐 나오고, 농사짓지 않던 유목민이 농사를 지었는데, 그해에 백배의 수확을 했습니다. 그것을 알게 된 그랄 왕 아비멜렉이 부하들을 거느리고 찾아와서 불가침 조약을 맺고 평화조약을 맺었습니다. 그때 아비멜렉이 이삭에게 다음과 같이 말했습니다.

그들이 가로되 여호와께서 너와 함께 계심을 우리가 분명히 보았으므로 우리의 사이 곧 우리와 너의 사이에 맹세를 세워 너와 계약을 맺으리라 말하였노라. 너는 우리를 해하지 말라. 이는 우리가 너를 범하지 아니하고 선한 일만 네게 행하며 너로 평안히 가게 하였음이니라. 이제 너는 여호와께 복을 받은 자니라(창 26:28-29).

온유한 자는 땅을 기업으로 받고, 풍부한 화평을 즐기게 됩니다. 온유가 예수님의 마음이기 때문입니다. 하나님께서는 온유한 자를 예수님을 사랑하듯이 사랑하십니다. 온유하신 예수님의 마음을 본받읍시다.

멍에를 메고 예수님을 따른다

『이솝 우화』에 보면 '꾀 많은 당나귀'라는 이야기가 나옵니다. 어느 맘씨 좋은 농부에게 당나귀가 한 마리 있었습니다. 주인은 당나귀를 아끼고, 잘 돌보아 주었습니다. 주인이 소금 장수를 하게 되어 나귀에 잔뜩 소금을 싣고, 개울을 건너게 되었습니다. 비가 온 뒤라 물이 제법 불어나서 나귀가 그만 중심을 잃고, 넘어지고 말았습니다. 주인이 얼른 줄을 잡아 일으켜 세우고, 끌어 당겨 개울을 건너게 되었습니다. 그런데 나귀가 일어나 보니 그렇게 무거웠던 소금 가마가 가벼워졌습니다. 나귀가 넘어졌을 때, 그만 소금이 물에 다 녹아버리고 만 것입니다. 이것을 눈치 챈 나귀가 다음에 그 개울을 건널 때면 일부러 넘어지는 것이었습니다. 주인은 번번이 소금을 잃고 말았습니다.

이번에는 주인이 눈치를 챘습니다. '나귀가 꾀를 쓰는 구나, 이놈의 나귀를 혼내 주어야겠다.'라고 생각한 주인이 소금 대신 솜을 실었습니다. 나귀는 가볍게 발걸음을 떼면서 개울가에 이르렀습니다. 이번에도 나귀는 쓰러졌습니다. 그런데 일어날 수가 없었습니다. 솜이 물을 먹으니 천 근 만 근이 되어 일어날 수가 없게 된 것입니다. 떠내려가며 "나귀 살려! 나귀 살려!" 외쳤다고 합니다.

사람은 누구나 짐 지기를 싫어합니다. 그러나 짐을 지지 않는 인생은 기쁨도 보람도 맛볼 수 없습니다. 신앙생활도 마찬가지입니다. 멍에를 메야 합니다.

나의 멍에를 메고 내게 배우라. 그러면 너희 마음이 쉼을 얻으리니(마 9:29하).

멍에는 말과 소의 목에 얹어 수레나 쟁기를 끌게 하는 둥그렇게 구부러진 막대를 말합니다. 성경에서는 행동에 구속을 받거나 무거운 것을 짊어지는 것을 비유하여 일컫는 말로 쓰입니다.

당시 유대인들에게 멍에와 같이 무거운 짐은 율법(律法)과 규례를 말합니다. 당시 유대인들에게는 613개의 율법 조항이 있었습니다. 그 중 365개의 조항은 '하지 말라'는 금지 조항이었습니다. 나머지 248개의 조항은 '하라'는 명령이었습니다. 365개의 금령은 1년 365일 동안 매일 하루에 한 가지씩 금지 조항을 기억하며 지키라는 의미를 띠고 있으며, 248개의 명령은 사람의 몸에 있는 뼈마디의 숫자로, 뼈 하나하나에 새길 정도로 율법을 지켜야 한다는 의미를 띠고 있습니다. 이렇게 율법을 강조하다 보니, 지키지 못하는 사람은 죄의식을 가지고 살 수밖에 없고, 지키려고 애쓰는 사람은 그것에만 집착하다 막상 믿음과 사랑을 갖지 못하는 굳은 신앙인이 되고 말았습니다. 그래서 율법이 유대인들에게 무거운 짐이 되었던 것입니다.

예수님이 그 짐을 벗겨 주겠다는 것입니다. '그런데 벗겨 주겠다고 하신 분이 한 수 더 떠서 멍에를 메라고 하면 어떡합니까?'라고 반문할 수 있을 것입니다. 그러나 자세히 본문을 보십시오. 그냥 멍에가 아니라 "내 멍에를 메고, 내게 배우라."고 말씀하셨습니다. 예수님의 멍에는 사랑의 멍에입니다. 억지로나 강제로 지는 멍에가 아니라 사랑하는 마음으로 기꺼이 지는 멍에를 말합니다.

또 누구든지 너로 억지로 오리를 가게 하거든 그 사람과 십리를 동행하고
(마 5:41)

이 말씀으로 "내 멍에를 메라."는 예수님의 말씀을 해석해 보면 다

음과 같습니다. 당시 이스라엘을 정복한 로마 제국은 이런 법을 만들었습니다. 로마 군인들이 군사적 목적으로 움직일 때, 군수품을 나르기 위해 누구든지 징발할 수 있었습니다. 그래서 예수님이 십자가를 지고 골고다 언덕을 향하여 가시다가 쓰러지셨을 때, 구경하던 구레네 시몬을 강제로 징발하니까, 아무 소리도 못하고 십자가를 대신 졌던 것입니다. 길을 가다가 강제 징발을 당할 때 가는 거리가 2km, 즉 오리였습니다. 그런데 2km를 가면서, "나를 써 주셔서 감사합니다." 하면서 갈까요? 대부분 이를 갈면서 저주하면서 갈 것입니다. 그런 사람들에게 예수님은 생각을 바꾸도록 가르치셨습니다. 그렇게 하지 말고, 기쁨으로 십리를 동행해 주면 그 사람이 미안한 마음을 가질 것이고, 우리의 마음도 증오심을 떨쳐 버리고 평안을 유지할 수 있을 것이라는 가르침입니다.

온유한 마음이 바로 예수님이 가르쳐 주시는 멍에입니다. 예수님의 멍에는 사랑의 멍에요, 겸손의 멍에요, 봉사의 멍에입니다. 이 멍에는 무거운 것이 아닙니다. 작은 짐도 질 수 없는 노인이 돌덩어리보다 큰 손주를 하루 종일 업고 있는 것은 사랑의 힘입니다. 돌을 업고 있으라고 하면 할 수 없지만, 사랑하는 손주는 업을 수 있습니다.

마찬가지로 예수님의 마음을 본받고, 예수님이 가르쳐 준 사랑의 멍에를 메면 어떤 큰 짐이라도 멜 수가 있습니다. 이것이 바로 온유의 힘입니다.

예수님께서 핍박하고, 조롱하는 무리를 십자가에 달리셔서 용서하셨습니다. 그 예수님의 온유하신 마음을 본받고, 돌에 맞아 죽어 가던 스데반은 예수님과 똑같이 자신을 돌로 쳐 죽이는 사람들을 용서했습니다.

무릎을 꿇고 크게 불러 가로되 주여 이 죄를 저들에게 돌리지 마옵소서.
이 말을 하고 자니라. (행 7:60)

이것이 바로 온유의 힘입니다. 예수님이 가르쳐 주신 사랑의 멍에를 메면, 능히 우리도 이같이 위대한 일을 행할 수 있습니다. 예수님께 멍에를 메는 법을 배웁시다. 그리하여 십자가를 피하지 않고, 감당하여 큰 일을 행하는 온유한 사람이 되어야 합니다.

온유한 자는 참된 평안을 누린다

많은 사람들이 예수를 믿으면 병도 낫게 되고, 사업도 잘 되고, 어려운 일이 술술 잘 풀릴 것이라 생각하고 교회에 나옵니다.

고통의 멍에 벗으려고 예수께로 나옵니다
자유와 기쁨 베푸시는 주께로 옵니다
병든 내 몸이 튼튼하고 빈궁한 삶이 부해지며
죄악을 벗어 버리려고 주께로 옵니다

낭패와 실망 당한 뒤에 예수께로 나옵니다
십자가 은혜 받으려고 주께로 옵니다
슬프던 마음 위로 받고 이생의 풍파 잔잔하며
영광의 찬송 부르려고 주께로 옵니다

(찬송가 330장, "고통의 멍에 벗으려고" 1 · 2절, W. J. 슬리퍼 작사)

그런데 교회를 아무리 열심히 다녀도, 돈 문제가 해결이 되지 않고,

병도 낫지 않고, 문제가 해결되지 않는 경우가 많습니다. 왜 그렇습니까? 예수님은 요술 방망이가 아니기 때문입니다. 그러나 이것만은 분명합니다. 고난 속에서도 변치 않고 예수님을 의지하면 고난을 이길 힘을 주시고, 고난이 작게 느껴지고, 문제가 문제같이 느껴지지 않도록 내 마음을 크게 하시고, 평안하게 하시고, 담대하게 하시는 것을 체험하게 됩니다. 그 때는 찬송이 달라집니다.

교만한 맘을 내버리고 예수께로 나옵니다
복되신 말씀 따르려고 주께로 옵니다
실망한 이 몸 힘을 얻고 예수의 크신 사랑받아
하늘의 기쁨 맛보려고 주께로 옵니다

죽음의 길을 벗어나서 예수께로 나옵니다
영원한 집을 바라보고 주께로 옵니다
멸망의 포구 헤어나와 평화의 나라 다다라서
영광의 주를 뵈오려고 주께로 옵니다

(찬송사 330장, "고통의 멍에 벗으려고" 3 · 4절, W. J. 슬리퍼 작사)

교만한 마음을 내버리고, 겸손하고, 온유한 마음을 갖게 되면 하늘의 기쁨을 맛보게 되고, 영광의 주님을 만나는 천국 시민이 되는 것입니다. 그렇게 되면 인생의 모든 짐이 가볍게 느껴집니다.

이는 내 멍에는 쉽고 내 짐은 가벼움이라 하시니라. (마 11:30)

주님이 가르쳐 주신대로 온유하고, 겸손한 마음으로 멍에를 메면 쉽고, 가볍게 짐을 질 수 있습니다. 예수님을 따라가는 삶은 기쁘고 즐거운 삶입니다. 소풍가는 어린아이들의 발걸음 같이 가볍고, 경쾌합니다.

교회 올 때, 발걸음을 보면 이 분이 지금 자발적으로 오는 것인지 아내에게, 부모에게, 애인에게, 코가 꿰어 오는 것인지 금방 알 수 있습니다. 이런 사람은 절대 앞에 서서 오지 않습니다. 발걸음이 무겁습니다. 얼굴이 어둡습니다. 그러나 사모하며 달려오는 성도의 발걸음은 가볍고 활기찹니다. 주님이 가르쳐 주신 방식대로 멍에를 멜 때, 마음의 평안을 얻게 된다는 뜻입니다.

세상 사람들은 강한 것이 이기고, 오래 간다고 생각합니다. 과연 그렇습니까? 아닙니다. 혀와 치아를 비교해 보십시오. 부드러운 혀가 딱딱한 치아보다 훨씬 오래 갑니다.

부드러운 혀는 뼈를 꺾느니라. (잠 25:15)

“물방울이 돌을 뚫는다.”　　　　　　　　　　　　　　　　노자

물방울은 부드러우나 계속 한 자리에 떨어지며 돌을 뚫습니다. 그러므로 온유한 사람은 약한 사람 같으나 강한 사람입니다. 강한 사람은 충돌하고, 부러지고, 상하지만, 온유한 사람은 감싸 주고, 덮어 주고, 위로자가 됩니다.

세상에 생명이 왕성한 것은 모두 부드럽습니다. 어린아이는 부드럽습니다. 그러나 숨이 끊어진 시체는 한 시간만 지나면 돌덩어리가 되고 맙니다.

부드러운 것에 생명이 있습니다. “나는 성질이 급해서 틀렸어.”라

고 말하지 마십시오. 번갯불에 콩을 구어 먹는 사람이라는 별명을 가졌던 요한도 사랑의 사도가 되었습니다.

구약에서 한 성질하는 것으로 유명한 모세도 '온유함이 세상 사람들 중에 최고'라고 칭찬을 받았습니다. 급하고 과격했던 베드로가 마지막 남긴 말이 이러합니다.

> 마지막으로 말하노니 너희가 다 마음을 같이 하여 체휼하며 형제를 사랑하며 불쌍히 여기며 겸손하며 악을 악으로, 욕을 욕으로 갚지 말고 도리어 복을 빌라. 이를 위하여 너희가 부르심을 입었으니 이는 복을 유업으로 받게 하려 하심이라. (벧전 3:8-9)

이 얼마나 큰 변화입니까? 인간으로서는 죽었다가 깨어나도 안되고, 불속에 들어갔다 나와도 안 됩니다. 그러나 하나님의 신으로는 됩니다. 성령을 받으면 성령께서는 굳은 마음을 제거하시고, 부드러운 마음을 주십니다. 성령께서 만져 주시면 요한 같이, 모세 같이, 베드로 같이 나도 온유한 사람이 될 수 있으며 마음에 참된 평안을 누릴 수 있습니다.

> 모든 겸손과 온유로 하고 오래 참음으로 사랑 가운데서 서로 용납하고 평안의 매는 줄로 성령의 하나 되게 하신 것을 힘써 지키라. (엡 4:2-3)

악령은 분열을 일으키지만, 성령은 하나되게 하십니다. 온유한 사람만이 하나 될 수 있습니다. 그러므로 온유한 마음은 성령이 주시는 마음이요. 그래서 온유한 사람이 마음에 참된 평안을 누릴 수 있는 것입니다.

성령의 도우심으로 온유한 예수님의 마음을 품게 되어야 합니다. 그리하여 마음의 평안을 세상 사람들에게 전하는 복음의 증인이 됩시다.

나는 교회의 힘을 믿는다

교회는 살아있는 믿음의 공동체이다 사 40:1-5

> "교회와 교역자는 은총의 유효한 수단들이다."
>
> 터툴리안(Tertullian 초대 교회 교부 160 ~ 225)

우리는 교회를 크고 아름답게 지었습니다. 2005년 총회에 참석하여 여러 목사님, 장로님들로부터 축하의 인사를 많이 받았습니다. "교회가 아름답다.", "모양이 독특하더라.", "건축비는 얼마나 들었냐?" 등등 질문도 많이 받았습니다. 이러한 말들을 들으며 제 마음속에는 교회의 건물보다 내용을 채워가는 것이 훨씬 중요한 것인데, 이 문제를 소홀히 하면 빈껍데기만 남게 될 것이라는 생각이 떠올랐습니다.

여름에 옥수수가 잘 익었는지 보기 위해 밭에 가서 옥수수 나무의 수염을 보면 옥수수가 영글었는지를 대강 알 수 있습니다. 그래서 살며시 껍질을 열어 보면 어떤 것은 어린아이 이가 빠진 것처럼 알이 고르지 못하고, 어떤 것은 하얀 이빨이 고르게 난 것 같이 알이 촘촘히 박혀 영근 것이 있습니다. 그것을 볼 때 기분이 참 좋습니다. 하나님께서 우리 교회를 보실 때, 알알이 영근 옥수수 같이 하나님을 기쁘시게 하는 속이 꽉 찬 교회가 되었으면 좋겠습니다.

과연 교회란 무엇입니까? 모두가 잘 알고 있는 말이지만 다시 한번 짚어보는 차원에서 생각해 봅니다. '교회'(敎會, Church)는 히브리어로는 '카할'이라 하여 '회중'을 뜻하고, 헬라어로는 '에클레시아'라 하며 '밖으로 불러내다.'는 뜻입니다. 건물이 교회가 아니라, 하나님의 부름을 받은 사람들이 교회입니다.

신학적으로 교회를 구분해 보면, 보이는 교회(유형 교회, 가시적 교회)가 있고, 보이지 않는 교회(무형 교회, 불가시적 교회), 즉 심령상의 교회가 있습니다.

또 한 자리에 모여 예배드리는 '모이는 교회'가 있습니다. 이때는 목사가 모든 것을 책임을 집니다. 그러나 세상에 나아가 생활을 할 때는 흩어지는 교회가 됩니다. 이때는 각자가 자신의 신앙생활에 대해 책임을 져야 합니다.

또 어둠의 권세와 싸우는 지상 교회로서 '전투적 교회'가 있고, 선한 싸움을 다 싸운 성도가 가는 천상 교회로서 '승리적 교회'가 있습니다.

또 천주교에서 성직자를 일컫는 말로서 '교훈하는 교회'가 있고, 천주교에서 신자를 일컫는 말로서 '교훈 받는 교회'가 있습니다.

이와 같이 교회는 건물이 아니라 성도 한 사람 한 사람이 교회요, 성도들의 모임이 교회라는 것을 알 수 있습니다. 마태복음 16장에서 예수님께서 베드로에게 "너는 나를 누구라고 생각하느냐?"라고 물으셨습니다. 그때 베드로가 훌륭한 대답을 했습니다.

시몬 베드로가 대답하여 가로되 주는 그리스도시요 살아 계신 하나님의 아들이시니이다. (마 16:16)

이 대답을 들으신 예수님께서 이와 같이 말씀하셨습니다.

예수께서 대답하여 가라사대, 바요나 시몬아, 네가 복이 있도다. 이를 네게 알게 한 이는 혈육이 아니요 하늘에 계신 내 아버지시니라. 또 내가 네게 이르노니 너는 베드로라. 내가 이 반석 위에 내 교회를 세우리니 음부의 권세가 이기지 못하리라. (마 16:17-18)

"이 반석 위에 내 교회를 세우리니" 여기에서 교회라는 말이 처음 등장하게 된 것입니다. "이 반석 위에"라는 말씀은 베드로의 신앙 고백을 가리킵니다. 보이는 교회든 보이지 않는 심령상의 교회든 주는 그리스도시요, 살아 계신 하나님의 아들이라는 신앙 고백 위에 세워지는 것입니다. 이 예수님의 예언대로 사도행전 2장에 기록된 마가 다락방에 성령이 임하므로 교회가 시작되었습니다. 이렇게 해서 교회가 기독교 공동체의 공식 명칭이 된 것입니다.

그러면 교회의 사명은 무엇입니까? 예수님은 무엇을 하기 위해 교회를 세우셨습니까? 교회의 사명은 세상 끝날 때까지 모든 사람들에게 구원의 복음을 전하여 그들을 하나님의 백성으로 만들고, 그들을 통하여 세상 만물을 그리스도 안에서 통일하여 하나님께 영광을 돌리는 것입니다.

이 사명을 감당하기 위하여 교회는 5가지 본질적인 기능을 갖습니다. 바로 예배, 전도, 교육, 친교, 봉사입니다. 우리들은 보통 교회가 시작된 것은 오순절 성령 강림에 의해서 시작되었다고 알지만, 교회는 인간 구원을 위한 하나님의 경륜으로서 우주 창조로부터 암시되

고, 구약 시대를 통하여 여러 모양으로 계시되었습니다. 구약에 계시
된 교회의 모형은 노아의 방주, 광야, 성전, 회당이었습니다.

그리고 완전한 교회는 이 세상에 없습니다. 보다 더 나은 교회가 있
을 뿐입니다. 완전한 교회는 세상 종말과 함께 천국에서 이루어질 것
입니다. 그럼에도 불구하고 하나님께서는 교회를 통하여 복을 주시
기로 작정하셨습니다.

교회는 음부의 권세를 이길 힘을 부여받았습니다. 우리 모두는 교회
입니다. 우리 모두는 마귀의 권세, 세상의 악한 세력을 물리칠 능력을
부여받았습니다. 예수를 증거할 때, 능력이 나타납니다. 예수는 그리
스도이심을 증거하여 힘 있는 교회, 힘 있는 성도들이 되어야 합니다.

교회는 하나님의 백성들에게 위로를 주신다

기독교의 본산이라고 할 수 있는 유럽의 교회는 쇠퇴일로에 있습니
다. 결정적으로 유럽 교회가 쇠퇴하기 시작한 때는 1만 달러 소득과
주 5일 근무제가 시행되면서부터 입니다.

유럽은 국경이라는 것이 팻말 하나만 있을 뿐이지, 이 나라에서 저
나라로 가는 데에 전혀 장애가 없습니다. 그러니까 많은 성도들이 돈
이 있고, 시간도 있으니까 주말마다 차를 끌고 여행을 다니느라고 교
회를 떠나기 시작했습니다.

한국 교회도 똑같은 위기에 놓여 있습니다. 다행히 1만 달러의 소득
에서 10년 정도 머물면서 전진하지 못하고 있습니다. 이것을 기뻐할
수는 없지만, 교회는 숨을 고를 시간을 벌게 되었습니다. 경제적으로
고난을 당하는 많은 사람들이 주의 위로를 받기 위해 교회를 찾기 때

문입니다. 교회는 하나님의 영이요, 예수님의 영인 성령이 임재하셔
서 찾는 모든 사람들에게 위로를 주십니다.

> 보혜사 곧 아버지께서 내 이름으로 보내실 성령 그가 너희에게 모든 것을
> 가르치시고 내가 너희에게 말한 모든 것을 생각나게 하시리라. 평안을 너
> 희에게 끼치노니 곧 나의 평안을 너희에게 주노라. 내가 너희에게 주는
> 것은 세상이 주는 것 같지 아니하니라. 너희는 마음에 근심도 말고 두려
> 워하지도 말라. (요 14:26-27)

교회는 당연히 사람들에게 위로를 주고, 평안을 주는 곳이 되어야
합니다. 위로는 두려움과 고통과 죽음으로 인한 슬픔을 전제하는 말
입니다. 사람은 누구나 위로를 필요로 합니다. 사람들은 위로해 줄 곳
을 찾아다닙니다. 그 결과 미신과 우상을 만나 빌기도 하고, 사람을
찾아 위로 받기를 원합니다.

그러나 인간들의 위로가 거짓되고 때로는 해롭기까지 합니다.

> 이런 말은 내가 많이 들었나니 너희는 다 번뇌케 하는 안위자로구나.
> (욥 16:2)

친구들이 위로한다고 찾아와서 하는 말이 욥을 더욱 괴롭게 하니까
욥이 "번뇌케 하는 안위자로구나."라고 말하고 있습니다. 또한 미신
과 우상의 위로가 헛됩니다. 하나님께서는 교회에게 이 위로자의 사
명을 부여하셨습니다.

> 너희 하나님이 가라사대 너희는 위로하라. 내 백성을 위로하라. (사 40:1)

이 말씀은 바벨론 포로 중에 있는 이스라엘을 향하여 구원의 때가

이르렀다고, 선지자에게 위로의 말을 전하라는 것입니다. 이 말씀을 영적으로 해석하면 죄악 세상에 머물러 고통당하고, 신음하며, 위로가 필요한 사람들에게 예수 앞에 나오면 구원을 받고, 평안을 얻게 된다고 교회가 외치라는 말씀입니다. 이렇게 한 예언 안에 두 가지 이상의 사실이 함축되어 있는 것을 '성경 예언의 복합성'이라고 합니다. 그러므로 1절에 '너희'는 선지자를 말하는 동시에 교회를 뜻합니다. 지금 이 시간 하나님은 우리들에게 이 백성을 위로하라고 명령하십니다. 우리를 향해 이 지역 사회의 고난당하는 자들과 죄악에 빠져 죽어가는 자들을 위로하라고 명령하십니다.

1절에 "위로하라."는 말씀을 반복하시는 것은 실의에 빠진 백성들에게 구원의 소망을 갖게 하는 것이 급박하다는 것을 나타내는 강조하시는 용법입니다. 교회는 세상에서 고난 받는 사람들을 위로해 주어야 할 사명의식을 불태워야 합니다. 우리들이 위로해야 할 자가 누구입니까? 세상에서 버림받은 자, 의를 행하다 고난 받는 자, 병든 자, 영육이 쇠약한 자, 심령에 두려움이 있는 자, 회개하는 자, 학대받는 자, 가난한 자, 비천한 자, 슬퍼하는 자들이 교회의 위로와 사랑을 받아야 합니다.

눈을 들어 사방을 살펴보십시오. 위로의 대상자들이 널려 있을 것입니다. 위로 받을 자에게 다가가 손을 내밀고, 품에 안을 때 하나님의 사랑이 그들에게 강물처럼 흘러갈 것입니다.

> 나의 기뻐하는 금식은 흉악의 결박을 풀어 주며, 멍에의 줄을 끌러 주며, 압제 당하는 자를 자유케 하며, 모든 멍에를 꺾는 것이 아니겠느냐. 또 주린 자에게 네 식물을 나눠 주며, 유리하는 빈민을 네 집에 들이며, 벗은 자를 보면 입히며, 또 네 골육을 피하여 스스로 숨지 아니하는 것이 아니겠

느냐.(사 58:6-7)

교회는 마땅히 백성의 위로자가 되어야 합니다. 작은 교회된 성도들 역시 마귀에게 포로가 되고, 죄악의 멍에에 눌려 있는 사람들에게 복음을 전하고, 사랑을 전하며, 자비를 베풀며, 위로자가 되어야 합니다. 우리 모두 위로를 받기보다는 위로를 하는 백성의 위로자가 되어야 합니다. 위로자의 사명을 다하는 성도가 되어야 합니다.

교회는 희망의 선포자이다

말이 씨가 됩니다. 그러므로 말을 잘 해야 합니다. 옛날 우리 부모님들은 욕을 얼마나 거칠게 했는지 모릅니다. '망할 놈', '되질 놈', '싸가지 없는 놈', '육실한 놈', '찢어 죽일 놈' 등등 삭막한 욕도 많았습니다. 그래서 전쟁에, 질병에, 기근에, 가뭄에, 흉년에 다 망했습니다.

그런데 그런 나라가 기사회생해서 세계 12대 교역 국가가 됐습니다. 그 이유를 아십니까? 옛날에는 어린이들이 코를 많이 흘려서 코를 줄줄 달고 살았습니다. 오죽하면 초등학교 입학할 때는 아예 코 닦는 수건을 가슴에 달고 갔을 정도였습니다. 그때 어머니들이 콧물이 줄줄 나는 자녀들의 코에 치맛자락을 들이대며 코를 풀라고 "흥! 해라!", "흥해!"라고 했습니다. 그때 그 말 때문에 다 망하던 이 나라가 흥하게 된 것입니다.

바늘 구멍만한 희망만 있어도 태산 같은 고난의 터널을 통과할 수 있습니다. 초근목피로 연명을 할지라도 희망이 있는 한 결코 망하지 않습니다. 제가 어렸을 때는 점심시간에 도시락을 먹을 때, 최고의 반찬이 달걀 프라이였습니다. 다 가난했습니다. 부자라야 마을에 한 명 정도 있을까 말까 했습니다. 그런데 그때는 '죽는다.'는 생각이 없었습니다. '우울증'이라는 말조차도 없었습니다. '상대적 빈곤'이라는 말도 없었습니다. 모두 다 가난했으므로 비교해 봐야 도토리 키 재기에 불과했습니다.

그런데 지금 우리나라가 OECD 국가 중 자살률이 1위라고 최근 언론에서 발표가 났습니다. 일등으로 할 것이 없어서 자살률 1위를 해야 합니까? 이렇게 된 까닭은 사람들이 희망을 잃어버렸기 때문입니다. 그 책임이 누구에게 있습니까? 바로 교회에 있습니다. 우리를 희망의 선포자로 세우셨는데, 희망을 선포하지 못하니까 그들이 자살하는 것입니다.

> 너희는 정다이 예루살렘에 말하며 그것에게 외쳐 고하라. 그 복역의 때가 끝났고 그 죄악의 사함을 입었느니라. 그 모든 죄를 인하여 여호와의 손에서 배나 받았느니라 할지니라. (사 40:2)

'복역의 때'라는 말씀은 남유다 왕국이 바벨론에서 포로 생활했던 70년간을 뜻합니다. 남유다 왕국이 하나님께 죄를 범한 결과로 징계를 받아 B.C. 605년에 바벨론의 느부갓네살 왕이 남유다에 1차 침공을 하고, B.C. 597년에 다시 느부갓네살 왕이 2차 침공을 하여 포로들을 이주시켰습니다. B.C. 586년에 느부갓네살 왕은 3차 침공을 하여 남유다 왕국을 멸망시켰습니다. 그 후 B.C. 538년에 고레스 왕이 해방령을 내려 이스라엘 백성을 유다로 돌려보내기까지의 기간을 포로 생활이라고 합니다. 바벨론 포로 생활의 해방은 곧 하나님의 사함을 받았다는 것을 의미합니다.

모든 범죄의 대가를 충분히 받았다는 뜻으로 '사함을 입었느니라.', '배나 받았느니라.' 라고 말씀하신 것입니다. 교회는 세상 사람들에게 복역의 때가 끝났다고 희망을 선포해야 합니다. 경제적 고통이 물러가고, 제2의 한강의 기적이 일어나고, 2만 달러 시대가 곧 올 것입니다. 전쟁의 검은 구름이 걷히고, 통일 한국 시대가 곧 다가올 것입니다.

그러나 이런 것만 외치면 정치꾼으로 오해를 받을 수 있습니다. 교회가 세상 사람들에게 외칠 희망은 구원의 메시지이어야 합니다.

"당신의 죄악이 사함을 받았습니다. 예수 그리스도께서 십자가에 달리셨을 때, 이미 당신의 죄악이 다 사함을 받았습니다. 예수님을 구주로 믿기만 하면 당신은 영생의 복을 받게 됩니다. 당신의 어깨를 짓누르는 인생의 짐을 모두 예수 그리스도에게 맡기십시오. 그 분의 인류의 소망이십니다. 누구든지 예수 믿으면 구원을 받습니다."

슬픈 마음 있는 사람 예수 이름 믿으면
영원토록 변함없는 기쁜 마음 얻으리
예수의 이름은 세상의 소망이요
예수의 이름은 천국의 기쁨일세

거룩하신 주의 이름 너의 방패 삼아라
환난 시험 당할 때에 주께 기도드려라
예수의 이름은 세상의 소망이요
예수의 이름은 천국의 기쁨일세

존귀하신 주의 이름 우리 기쁨 되도다
주의 품에 안길 때에 기뻐 찬송 부르리
예수의 이름은 세상의 소망이요
예수의 이름은 천국의 기쁨일세

우리 갈 길 다간 후에 보좌 앞에 나아가
왕의 왕께 경배하며 면류관을 드리리
예수의 이름은 세상의 소망이요
예수의 이름은 천국의 기쁨일세

(찬송가 91장, "슬픈 마음 있는 사람", 리처드 백스터 작사)

서론에서 교회의 뜻이 무엇이라고 말씀드렸습니까? 부름 받은 자입니다. 우리는 하나님께 부름 받은 사명자들입니다. 선지자의 사명, 교회의 사명이 동일합니다.

선지자의 사명은 첫째는 범죄한 백성들에게 하나님의 징계를 경고하는 것이고, 둘째는 하나님께 순종하는 백성들에게 임할 하나님의 축복 선언을 하는 것입니다.

이사야는 복역의 때가 끝났음을 선포했습니다. 군대 생활을 마치고 제대할 때, 그 기쁨을 맛보지 않은 사람은 잘 모를 것입니다. 모두가 그런 것은 아니지만 자신이 복무하던 부대가 있었던 쪽을 향해 오줌도 누지 않을 정도로 고통을 겪었던 곳을 떠난다고 생각해 보십시오. 예수님을 믿으면 이런 옛적 고통이 모두 사라진다는 것을 세상의 많은 불신 영혼들을 향해 외쳐야 합니다.

"예수님만이 영원한 소망입니다."

이 소망을 힘껏 외쳐 사람들을 구원하는 교회가 되어야 할 것입니다.

멸망한 왕국의 백성들, 포로 생활 70년을 복역한 백성들에게 강국
을 이루어 주시겠다는 희망의 말씀이 바로 우리가 마귀에게 포로 된
형제들에게 전해야 할 복음입니다. 예수를 믿으면 영원한 천국의 백
성이 되고, 하나님의 자녀가 된다는 희망을 때를 얻든지 못 얻든지 선
포해야 합니다.

많은 사람이 참으로 살기 힘든 세상이라고 말합니다. 이 때 희망을
선포해야 합니다. 예수 안에 구원의 소망이 있으며 교회가 천국의 지
점임을 선포해야 합니다. 우리는 어두운 세상에 희망을 전하는 복음
의 전령이 되어야 합니다. 희망을 포기한 백성들에게 희망의 불씨를
살리는 성도님들이 되어야 합니다.

교회는 시대의 예언자이다

러시아가 공산화될 때, 러시아 인구의 97%가 기독교인이었습니다.
마을마다, 도시마다 중심에 금빛 찬란한 첨탑을 자랑하는 성당이 자
리 잡고 있었습니다. 그런데 하나님이 없다고 부정하는 3,000명의 공
산주의자들이 시작한 혁명에 의해 거대한 러시아가 무너지고, 공산
주의 국가가 되었습니다. 어떻게 그럴 수 있었을까요? 교회가 시대의

양심이 되고, 예언자가 되어야 할 텐데 그 사명을 저버리고, 왕족과 귀족과 함께 종교 귀족이 되어 버렸기 때문입니다.

왕족과 귀족과 한 통속이 되어 기름진 음식과 좋은 집과 향락에 젖어들면서 예언자의 사명을 저버리게 될 때 나라가 망하고, 교회가 모두 폐쇄되는 참혹한 결과를 당하고 말았던 것입니다.

교회는 시대의 양심이요, 예언자가 되어야 합니다. 그리스도인은 가정마다, 마을마다, 직장마다, 학원마다 어둠을 밝히는 등불이 되어야 합니다.

> 외치는 자의 소리여 가로되 너희는 광야에서 여호와의 길을 예비하라. 사막에서 우리 하나님의 대로를 평탄케 하라. 골짜기마다 돋우어지며 산마다, 작은 산마다 낮아지며 고르지 않은 곳이 평탄케 되며 험한 곳이 평지가 될 것이요. 여호와의 영광이 나타나고 모든 육체가 그것을 함께 보리라. 대저 여호와의 입이 말씀하셨느니라. (사 40:3-5)

"외치는 자의 소리"라는 별명을 가진 인물이 신약에 나오는데 바로 세례 요한입니다. 세례 요한은 예수님이 오실 길을 예비하기 위해 부름 받은 선지자였습니다. 세례 요한이 초림하신 예수님을 예비하기 위해 부름을 받고 광야에서 외쳤다면, 우리들은 재림하실 예수님의 길을 예비하라고 부름 받은 예언자들입니다. 광야같이 영적으로 황량한 이 세상을 향해, 사람들의 황폐한 심령을 향해 주의 길을 예비하라고 외쳐야 합니다.

옛날에 왕이 어느 지역을 행차할 경우에 왕의 마차가 지나가기 쉽도록 지역 주민들을 모아 도로를 고치고, 평탄케 했습니다. 박정희 대통령 시절만 해도 대통령이 어느 지방을 순시한다고 하면 지붕을 개량하고, 담을 쌓기도 하고, 도로를 포장하기도 했습니다.

4절 말씀이 바로 그런 것을 잘 말해 주고 있습니다.

이 말씀을 영적으로 해석해 봅시다. "골짜기를 돋우라."는 말은 세상에서 천대를 받고, 압제를 받는 자들에게 복음을 전해 위로하고, 죄악과 어둠에 있는 자들을 진리의 빛으로 나오게 하라는 것입니다. "산마다 낮아지게 하라."는 말은 세상에서 권력을 가진 자들, 부한 자들, 스스로 지혜롭다 여기는 자들의 교만한 마음을 낮추어 겸손케 하라는 것입니다. "험한 곳을 평지로 만들라."는 말은 굽어지고, 험악하고, 거친 자들의 마음을 정직하고 관대한 마음으로 변하게 하고, 모두 주께 복종케 하라는 것입니다. 이렇게 변화된 사람들이 모두 예수님을 만나고, 하나님의 자녀가 되는 영광에 동참하게 될 것을 예언하고 있는 것입니다. 그런데 요즈음의 교회는 세상과 타협하고 살아갑니다. 교회와 성도님들은 세례 요한과 같이 변치 않는 예언자가 되어야 합니다.

회개하라. 천국이 가까웠느니라. (마 3:2)

교회에 출석한다고 죄의 문제가 해결되는 것이 아닙니다. 회개에 합당한 열매를 맺으라고 외쳐야 합니다. "이미 도끼가 나무 뿌리에 놓였으니 좋은 열매 맺지 아니하는 나무마다 찍어 불에 던지우리라." 라고 외쳐야 합니다.

하나님은 오늘도 시퍼렇게 살아 계십니다. 그런데 교회는 누렇게 시들어가고 있습니다. 그러면 안 됩니다. 과감하게 죄를 지적하고, 불의를 꾸짖어야 합니다. 지위 고하를 막론하고 아닌 것은 아니라고 말해야 합니다.

예언자는 하나님이 피조물인 인간을 매개로 하나님의 뜻을 나타내는 신탁(神託)을 전하는 사람입니다. 우리는 하나님의 말씀인 성경을 그대로 전해야 합니다. 바꾸지 말고, 숨기지 말고, 변개치 말고 전해야 합니다. 천국과 지옥을 말해야 합니다. 영생과 영벌을 말해야 합니다. 주일성수와 십일조를 말해야 합니다. 기도생활과 봉사, 구제생활을 말해야 합니다. 교회가 할 말을 못하면 불이 꺼진 등대입니다. 목사가 할 말을 못하면 벙어리 개입니다. 성도가 할 말을 못하면 맛을 잃은 소금입니다.

> 크게 외치라. 아끼지 말라. 네 목소리를 나팔 같이 날려 내 백성에게 그 허물을, 야곱 집에 그 죄를 고하라. (사 58:1)

복음을 크게 외치십시오. 나팔을 크게 부십시오. 심령의 골짜기를 돋우고, 교만의 산을 깎고, 험한 마음을 평탄케 하고, 주 예수를 믿으라고 외치십시오. 예언자의 사명을 감당하는 성도, 예언자의 사명을 감당하는 교회가 됩시다.

나는 새 술의 힘을 믿는다

새 술은 새 시대를 열어가는 비전이다 눅 5:33-39

"뜻이 어려운 글도 여러 번 반복하여 읽고, 외우면 글의 뜻을 스스로 깨우쳐 알게 된다."

(讀書百遍義自見)

오늘(2005년 8월 28일)은 우리 교회가 새로운 시대를 열게 된 것을 선포하는 뜻 깊은 날입니다. CI(Corporate Identity, 기업 이미지 통합 전략) 선포식을 통해 교회의 비전을 알리는 날이기 때문입니다. 거룩한 빛 광성교회(전 일산광성교회)는 1997년 1월 9일에 창립되었습니다. 저는 교회를 창립할 때 '섬기는 교회', '인재를 양성하는 교회', '상식이 통하는 교회'를 3대 목표로 세웠습니다.

섬기는 교회는 하나님을 섬기고(예배), 지역 사회를 섬기고(봉사), 형제와 이웃을 섬긴다(전도)는 것이고, 인재를 양성하는 교회는 평신도 지도자를 양성하고(평신도 중심), 미래 사회의 인재를 양성한다(세상의 지도자 양성)는 것이며, 상식이 통하는 교회는 하나님 한 분만 영광을 받으시고(사람을 높이지 않는다) 예수님이 주인되시며(목사도 장로도 주인행세를 하지 않는다) 하나님의 상식인 기적이 나타나는 교회(능력 있는 교회)가 되자는 것입니다.

이러한 정신으로 8년 7개월을 수일같이 지냈습니다. 하나님께서 우리의 목표를 기쁘게 받아 주셨습니다. 지금까지 8,000명이 등록하는 기적이 일어났습니다. 새 성전을 건축하면서 목표는 변하지 않았지만 새 성전, 새 땅에서 새 시대를 열어가면서 새로운 비전을 세워야 되겠다고 생각하고 5대 비전을 세웠습니다.

거룩한 빛 광성교회 5대 비전

1. 지역 사회 문화 중심
2. 고양 파주 성시 본부
3. 한국 교회 개혁 모델
4. 북한 선교 전초 기지
5. 세계 선교 중심 센터

이 5대 비전은 동심원을 가지고 있습니다.

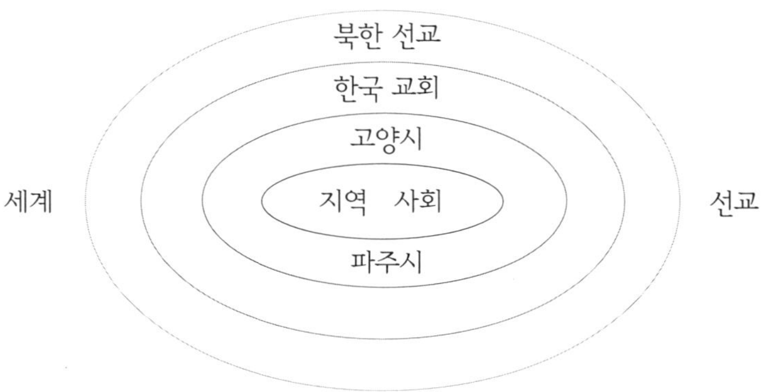

‘지역 사회 문화 중심’을 첫째 비전으로 정한 배경에 대해 생각해 보겠습니다. 신학적으로 교회를 구분할 때 가장 먼저 나오는 것이 보이는 교회와 보이지 않는 교회입니다. 보이는 교회(Visible church)는 땅 위에 있는 유형 교회를 말하고, 보이지 않는 교회(Invisible church)는 심령상의 무형 교회를 말합니다.

땅 위에 있는 보이는 교회들이 가장 힘써야 할 것은 지역 사회를 복음화하는 일입니다. 그래서 저는 개척하면서 ‘지역 사회의 영적 사령관이 되리라.’고 작정하고 일산 지역을 위해 삶의 모든 것을 바쳤습니다. 차에 기름이 떨어져 적신호가 들어와도 일산까지 들어와 기름을 넣었습니다. 부흥회, 해외 여행, 휴가도 가지 않고 오직 고양시에서만 살았습니다. 고양시에서 일어나는 문제에 깊은 관심을 갖고 환경의 문제, 갈등의 문제, 문화 소외의 문제 등을 발 벗고 나서서 일했습니다. 그 결과로 밤가시 마을의 중심 센터뿐만 아니라 일산을 대표하는 문화 센터 역할을 하는 교회로 소문이 나게 되었습니다. 교회는 교회 안의 잔치만 하면 안 됩니다.

너희는 세상의 소금이니 소금이 만일 그 맛을 잃으면 무엇으로 짜게 하리요. 후에는 아무 쓸데없어 다만 밖에 버리워 사람에게 밟힐 뿐이니라. 너희는 세상의 빛이라. 산 위에 있는 동네가 숨기우지 못할 것이요. 이 같이 너희 빛을 사람 앞에 비취게 하여 저희로 너희 착한 행실을 보고 하늘에 계신 너희 아버지께 영광을 돌리게 하라. (마 5: 13-14, 16)

예수님의 가르침은 세상을 향해 가라는 것입니다. 이것을 실천하여 세상에 경건한 영향력을 끼치는 교회가 되기 위해 부단히 애를 썼습니다. 대표적인 예로 어린이 연극 공연 한 번을 위해 1,000만 원을 썼던 일과 청소년 회관을 마련하기 위해 9억 원을 들여 건물을 구입한 일 등을 들 수 있습니다.

이제 새 성전을 짓고 입당했습니다. 이곳에서는 좋은 조건을 갖춘 만큼 전문사역자들을 통해 더 큰 문화 사역으로 지역 사회를 섬길 것입니다. 기독교 예술을 꽃피워 지역의 퇴폐 문화를 바꾸어 나갈 것입니다. 2005년 가을부터 시작하는 문화강좌는 100개가 넘는 강좌가 진행될 것입니다. 이렇게 우리 교회는 개인 구원뿐 아니라 사회 구원을 위해 적극적으로 선교하는 두 날개를 가진 교회입니다.

'고양 파주 성시 본부'를 두 번째 비전으로 정한 이유는 새 성전이 자리 잡고 있는 위치가 고양시와 파주시의 경계선에 있기 때문입니다. 주차장 한 필지는 파주시 아동동입니다. 그러므로 교회의 이름도 법적으로 일산광성교회이지만 파주시까지 끌어안기 위해 '일산' 자를 빼고 광성교회로 쓰면서 '광성'(光聖)의 한자 뜻을 풀어 '거룩한 빛 광성교회'라고 쓰게 된 것입니다. 우리 교회는 고양과 파주시를 거룩한 도시로 만드는 일에 선봉에 설 것을 자임해 왔습니다.

'한국 교회 개혁 모델'을 세 번째 비전으로 정했는데 우리 교회는 한국 교회에서 가장 먼저 개혁적인 법을 만들어 시행하고 있습니다. 목사의 신임 투표 제도, 65세 은퇴, 원로 목사 제도 폐지, 장로 6년 임기제, 열린 당회, 여성 장로 4분의 1 의무화 등은 우리 교회에 문제가 있어서 만든 것이 아니라 한국 교회를 새롭게 하기 위해 만들어 시범을 보이고자 만든 것입니다.

'북한 선교 전초 기지'라는 네 번째 비전의 배경도 우리 교회가 서북 지역에 위치한 교회 중에 가장 크게 세워진 교회이기 때문입니다. 그만큼 북한과 아주 가깝습니다. 개성은 1시간이면 도착할 수 있습니다. 이러한 지정학적인 위치를 생각하여 북한 선교의 전초 기지로 쓰임 받게 되기를 기도하면서 준비하고 있습니다.

'세계 선교 전초 기지'를 다섯 번째 비전으로 정한 것은 세계 선교는 모든 교회에게 주신 하나님의 명령이기 때문입니다. "땅 끝까지 이르러 내 증인이 되라"라고 하신 예수님의 명령을 받들어 '가든지 보내든지'(Go or Send) 선교하는 교회가 되어야 합니다.

이러한 5대 비전을 함께 공유하며 나아가 거룩한 빛을 세계 만방에 비추는 우리 교회가 되어야 합니다. 이 일은 사람의 힘으로는 되지 않습니다. 인간의 힘으로도 능력으로도 되지 않고 오직 성령의 능력을 덧입을 때만이 가능합니다.

> 그가 내게 일러 가로되 여호와께서 스룹바벨에게 하신 말씀이 이러하니라. 만군의 여호와께서 말씀하시되 이는 힘으로 되지 아니하며 능으로 되지 아니하고 오직 나의 신으로 되느니라. (슥 4:6)

기쁨을 누립니다

세상에서 가장 기쁨이 있는 곳이 어디입니까? 코미디 하우스나 개그 콘서트장이 아닐까 합니다. 그곳에 가면 웃음이 있습니다. 때로는 배꼽을 쥐고 웃습니다. 그러나 그 웃음이 영혼까지 기쁘게 하지는 못합니다.

세상에는 많은 종교가 있습니다. 종교는 사람의 모습을 결정짓습니다. 유교는 근엄한 사람을 만듭니다. 불교는 무상한 사람을 만듭니다. 도교는 신비한 사람을 만듭니다. 이슬람교는 전투적인 사람을 만듭니다. 그러면 기독교는 어떤 사람을 만듭니까? 기독교는 평안한 사람, 기쁨이 있는 사람을 만듭니다.

세상 사람들이 기쁨을 얻고 싶어도 얻을 수 없어서 찾는 것이 바로 술입니다. 술은 인류의 역사와 함께 한 친구이자 원수입니다. 술이 주는 기쁨은 순간적입니다. 그 다음은 괴로움이요, 낭패입니다. 그런데도 술의 위력 앞에 무릎을 꿇은 사람들은 술을 찾습니다. 술의 노예가 됩니다. '밥 없이는 살아도 술 없이는 못 살겠다.' 는 사람도 있습니다. 그러나 술이 인도하는 길은 파멸입니다.

옛적에 포도를 처음 심었을 때, 농부가 포도밭에 거름을 주었습니다. 그 거름은 원숭이, 개, 사자, 돼지의 분뇨였습니다. 포도가 잘 열렸습니다. 술을 담가 마셨더니 취했습니다. 처음에는 원숭이같이 해롱거리더니, 다음에는 개같이 짖어대고, 그 다음에는 사자같이 으르렁거리며 싸우더니, 마지막에는 돼지같이 토한 곳을 뒹굴었습니다. 그러다 깨어나면 다시는 안 마시겠다고 다짐하지만 소용이 없습니다. 그러나 새 술에 취하면 그렇지 않습니다. 참된 기쁨이 넘칩니다.

> 저희가 예수께 말하되 요한의 제자는 자주 금식하며 기도하고 바리새인의 제자들도 또한 그리하되 당신의 제자들은 먹고 마시나이다. 예수께서 저희에게 이르시되 혼인집 손님들이 신랑과 함께 있을 때에 너희가 그 손님으로 금식하게 할 수 있느뇨. 그러나 그 날에 이르러 저희가 신랑을 빼앗기리니 그 날에는 금식할 것이니라. (눅 5:33-35)

바리새인들과 요한의 제자들은 엄숙한 신앙생활에 열심이었습니다. 이들은 정기적으로 금식했습니다. 그런데 예수님은 금식을 하지 않으셨습니다. 그것을 따지고 나온 것입니다. 원래 구약(레 23:27)에서는 1년에 속죄일(7월 10일) 한 번에 한하여 금식을 권했습니다. 그러다가 바벨론 포로기를 거치면서 1년에 네 차례가 되었습니다. 스가라 8장 19절을 보면, 4월 17일 율법의 비석을 깨뜨린 날, 5월 9일 느부갓네살에 의해 성전이 파괴된 날, 7월 3일 그달리야가 살해당한 날, 10월 10일 바벨론 군대가 예루살렘을 공략한 날에 금식을 했습니다. 그리고 예수님 시절에는 일주일에 이틀이나 금식을 하고 있었습니다. 바로 모세가 시내산에 올라간 목요일과 내려온 월요일에 금식을 했습니다.

이처럼 바리새인이 된다는 것은 철저한 신앙생활을 하는 것입니다. 이런 신앙의 기준으로 볼 때 예수님과 그의 제자들의 신앙의 모습은 완전히 날라리 신앙으로밖에 보이지 않았던 것입니다. 그래서 "왜 너희들은 금식하지 않느냐?"라고 물었던 것입니다. 이에 대해 예수님께서 신랑과 혼인집 손님을 비유로 말씀하셨습니다.

이스라엘의 결혼 풍습은 신랑과 함께 신랑의 친구들이 신부의 집으로 가서 치릅니다. 결혼은 일생 중에 가장 기쁜 일이요, 큰 일이기 때문에 결혼식 기간에는 금식일인 월요일과 목요일이 되어도 금식을 하지 않습니다. 이것을 비유로 금식을 하지 않는 이유를 말씀하신 것입니다.

예수님께서 말씀하신 신랑과 혼인집의 비유를 영적으로 해석해 보면, 혼인 잔치 기간은 예수님의 공생애 3년을 뜻하고, 신랑은 예수님 자신을, 신부는 고통당하는 인류(사람들)를 뜻합니다. "신랑을 빼앗긴다"는 말은 '잔치가 끝났다거나 예수님이 고난 받고 십자가에서 죽게 되었다.'는 것을 뜻합니다.

바리새인들을 비롯한 세상의 많은 사람들이 금식하고 괴로움을 자처함에도 불구하고 신앙생활을 바로 하지 못하는 것은 신랑되신 예수님을 만나지 못했기 때문입니다. 우리는 신랑되신 예수님을 맞이

한 신부들이요, 결혼 예식에 참여한 사람들입니다. 그러므로 기독교는 축제의 종교요, 기쁨이 넘치는 것입니다. 예수님을 믿는데 기쁨이 없다면 신랑되시는 예수님을 만나 기쁨을 회복해야 합니다.

예수님께서 공생애를 시작하시면서 첫 번째 보여 주신 기적이 갈릴리 가나의 결혼 잔치 집에서 포도주가 떨어졌을 때 물로 포도주를 만드신 사건입니다. 하필이면 왜 예수님께서 결혼식에서 첫 기적을 행하셨을까요? 우연이 아닙니다. 결혼식은 기쁨의 자리입니다. 기쁨의 자리여야 할 결혼식 잔치에 포도주가 떨어졌습니다. 기쁨 대신 근심과 걱정이 차지했습니다. 모든 인생은 에덴동산의 기쁨을 누리도록 창조되었습니다. 그런데 사탄이 그 기쁨을 빼앗아 갔습니다. 그것을 되찾아 주기 위해 오신 분이 예수님이심을 온 천하에 선포하기 위해 결혼 잔치에서 물로 포도주를 만드셔서 기쁨을 회복시켜 주셨습니다. 우리의 새 신랑이 되시고 새 술이 되시는 예수님을 영접하면 기쁨을 누리게 됩니다.

주 예수 사랑 기쁨 내 마음 속에
내 마음 속에 내 마음 속에
주 예수 사랑 기쁨 내 마음 속에
내 마음 속에 있네
나는 기뻐요 정말 기뻐요
주 예수 사랑 기쁨 내 맘에
나는 기뻐요 정말 기뻐요
주 예수 사랑 기쁨 내 맘에

(복음 성가 "주 예수 사랑 기쁨 내 마음 속에")

주 안에서 항상 기뻐하라. 내가 다시 말하노니 기뻐하라. (빌 4:4)

인류의 새 술 되시고 신랑이 되시는 예수 안에서 영원히 기쁨을 누리며 살아야 합니다.

옛 사람을 벗어 버리자

어떤 사람이 새벽에 음주 운전을 하다가 단속에 걸려 딱지를 뗐습니다. 그 사람이 가만히 생각해보니 기분이 나빴습니다. 다른 사람은 술을 먹고 운전을 해도 안 걸리는데 자기만 걸렸다고 생각했습니다. 홧김에 낮에 술을 또 마셨습니다. 그리고 운전을 하다가 또 단속에 걸렸습니다. 경찰이 잡고 보니 오전에도 단속에 걸렸던 사람이었습니다.

제가 광산촌에서 목회할 때 광부들이 하루 종일 취해 있었습니다. 지하 갱에 들어갈 때 힘든 일을 맨 정신으로 할 수 있냐 하며 소주 한 병을 마시고 가서 취기로 일하고 나옵니다. 먼지를 마셔서 목이 컬컬하니까 또 술을 마십니다. 이처럼 하루 종일 취해서 살다가 결국 알코올 중독자가 됩니다. 이렇게 술에 찌들고 알코올 기운에 자기 정신을 내어 주는 사람은 사탄에게 자신을 맡기는 것입니다. 이런 옛 사람을 벗어버려야 합니다.

또 비유하여 이르시되 새 옷에서 한 조각을 찢어 낡은 옷에 붙이는 자가 없나니 만일 그렇게 하면 새 옷을 찢을 뿐이요, 또 새 옷에서 찢은 조각이 낡은 것에 합하지 아니하리라. (눅 5:36)

예수님께서 이번에는 생베 조각의 비유로 말씀하셨습니다. 생베는 베를 새로 짜서 한 번도 빨지 않은 베를 말합니다. 생베는 매우 질기고 신축성이 좋습니다. 생베를 물에 빨면 줄어듭니다. 따라서 이러한 생베 조각을 여러 번 세탁하여 더 이상 줄어들지 않는 낡은 옷에 대고 입게 되면 옷을 빨 때 생베 조각이 줄어들면서 낡은 옷의 천을 잡아당기면서 깁기 이전보다 옷이 더 해어지게 됩니다. 생베 조각의 비유에서 생베는 예수 그리스도의 복음을 의미하고, 낡은 옷은 유대교의 낡은 정통과 율법을 말합니다. 이 비유의 교훈은 유대교의 낡고 생명력을 잃어버린 전통의 교훈과 예수님의 왕성한 생명력을 지닌 새로운 복음이 조화를 이루지 못할 것임을 가르치고 있습니다.

예수님의 복음은 유대교의 전통적인 교훈을 능가하는 것이며 새로운 하나님 나라를 선포하는 것입니다. 따라서 유대교의 시작에서 예수님의 복음을 이해하려고 하거나 판단하는 것은 마치 생베 조각이 낡은 조각을 찢는 것처럼 조화를 이루지 못하고 오히려 혼란과 고통을 주게 될 것임을 가르치는 말씀입니다. 이 혼란과 고통을 극복하는 길은 옛 사람을 벗어 버리는 것입니다. 낡은 전통을 깨뜨려 버리는 것입니다. 그리고 새 사람을 입고 새로운 전통을 세우는 길밖에 없습니다.

전도해 보면 옛 사람을 벗어 버리고 싶어서 갈망 중에 있다가 손을 내밀면 얼른 잡고 옛 전통을 깨고 나오는 사람이 있는가 하면 옛 전통 속으로 더욱 움츠려들어 안주하려고 숨는 사람이 있습니다. 새가 알을 깨고 나올 때 비로소 창공을 나는 새가 될 수 있습니다. 알 속에 계속 안주하면 새가 되지 못하고 골아 죽게 되고 맙니다.

전통은 다 버려야 할 만큼 나쁜 것이 아닙니다. 온고지신(溫故知新)이라는 말이 있습니다. 옛 것을 익히고 미루어 새로운 것을 안다는 뜻입니다. 옛 것을 모두 낡은 것이라고 다 부수면 안 됩니다. 좋은 전통과 역사를 배우고 익혀 새로운 시대를 열어 가야 합니다. 지혜자도 말하기를 "해 아래 새 것은 없다."라고 했습니다.

> 이미 있던 것이 후에 다시 있겠고 이미 한 일을 후에 다시 할지라. 해 아래는 새 것이 없나니 무엇을 가리켜 이르기를 보라 이것이 새 것이라 할 것이 있으랴. 우리 오래 전 세대에도 이미 있었느니라. (전 1:9-10)

그래서 역사를 연구하고 어른들을 존중해야 합니다. 배울 것이 많습니다. 어른들에게 배우는 사람이 지혜자입니다. 성경에서 말하는 옛 사람은 죄인과 낡은 전통을 뜻합니다. 사탄의 종노릇 하는 사람과, 술에 취해서 방탕한 생활을 일삼는 사람과, 배타적이고 사신우상을 섬기는 낡은 전통을 말하는 것입니다. 우리들은 복음으로 오신 예수님을 만났습니다. 그러므로 낡은 옷과 같은 전통과 옛 사람을 벗어 버릴 때 새로운 옷으로 오신 예수님을 진정으로 영접할 수 있습니다.

> 너희는 유혹의 욕심을 따라 썩어져 가는 구습을 좇는 옛 사람을 벗어 버리고 오직 심령으로 새롭게 되어 하나님을 따라 의와 진리의 거룩함으로 지으심을 받은 새 사람을 입으라. (엡 4:22-24)

낡은 베옷과 같은 전통과 옛 사람을 벗어 버리고 생베되시는 예수님과 그의 복음을 받아들여 새 사람이 됩시다.

고정 관념을 바꾸어야 한다

철학을 하는데 가장 중요한 것 중에 하나가 사물에 대해 인식하고 있는 선입관(先入觀)을 제거하는 것입니다. 예를 들어, 국수주의적인 사고를 가진 사람들 중에 이런 사람들이 있습니다. 유교는 한국 전통 종교이고, 불교도 한국 토착 종교이고, 기독교는 서양의 종교이기 때문에 배척해야 한다고 말하는 사람들입니다. 유교는 중국 공자의 가르침이요, 불교는 인도 석가의 가르침이지 어찌 우리의 것입니까? 먼저 들어오면 우리 것이고 좋은 것입니까? 그렇다면 신기술은 다 외래품이고 나쁜 것입니까? 그런 고정 관념을 가지고 있기 때문에 대원군이 쇄국 정책을 하다가 나라가 망하고 말았습니다. 김일성, 김정일 부자가 주체사상을 주장하다가 거지가 되어 세계를 상대로 떼거지 외교를 하고 있습니다.

고정 관념을 바꾸면 진리가 보이게 됩니다. 이것이 진리냐 비진리냐 하는 문제로 세상과 사물을 보아야 합니다. 고정 관념을 가지고 보면 색안경을 끼고 세상을 보는 것과 똑같습니다. 당신이 낀 색안경은 무슨 색깔입니까? 검은 안경이면 세상은 검게 보일 것입니다.

> 새 포도주를 낡은 가죽 부대에 넣는 자가 없나니 만일 그렇게 하면 새 포도주가 부대를 터뜨려 포도주가 쏟아지고 부대도 버리게 되리라. 새 포도주는 새 부대에 넣어야 할 것이니라. (눅 5:37-38)

예수님께서 신랑과 혼인집 비유를 말해도 바리새인들이 이해하지 못하고, 생베와 낡은 옷 비유를 말해도 알아듣지 못하자 더 이해하기 쉬운 새 포도주와 낡은 가죽 부대의 비유를 가지고 말씀하셨습니다.

이스라엘 사람들은 염소 가죽으로 부대를 만들어서 물이나 포도주를 담는 용기로 사용했습니다. 그런데 이런 가죽 부대는 오래되면 딱딱해지고 신축성을 잃게 되어 쉽게 터졌습니다. 그래서 낡은 부대에

새 포도주를 담지 않았습니다. 새 포도주는 담근 지 얼마 안 되어서
발효가 되지 않은 포도주를 말합니다. 새 포도주는 발효가 계속되고
있기 때문에 가스가 많이 발생합니다. 따라서 낡은 부대에 담을 경우
부대가 터지고 포도주도 다 쏟아져 버리게 됩니다. 새 포도주의 비유
에서 새 포도주는 예수님의 가르침을 의미하고, 낡은 가죽부대는 유
대교의 낡은 전통과 의식을 말합니다.

> 묵은 포도주를 마시고 새 것을 원하는 자가 없나니 이는 묵은 것이 좋다
> 함이니라. (눅 5:39)

낡은 전통의 고정 관념에 사로잡혀 있는 사람은 새로운 사상, 곧 예
수님의 복음을 받아들일 수 없으므로 고정 관념을 버리라고 강력하
게 말씀하고 있습니다.

우리 교회의 상황으로 돌아와 생각해 봅시다. 새 성전을 새 부대라
고 한다면 우리는 새 부대가 준비되었으니 새 포도주를 준비해야만
합니다. 새 집을 짓고 헌 가구를 들여놓는 사람이 없는 것처럼 새 성
전을 짓고 새 마음을 가져야 할 것은 너무나 자명한 이치입니다.

그러면 우리가 채워야 할 새 포도주는 무엇입니까?

> 저희가 다 성령의 충만함을 받고 성령이 말하게 하심을 따라 다른 방언으
> 로 말하기를 시작하니라. 또 어떤 이들은 조롱하여 가로되 저희가 새 술
> 이 취하였다 하더라. (행 2:4, 13)

초대 예루살렘 교회 성도들이 성령의 충만함을 받았을 때, 사람들
이 그들의 변화된 모습을 보며 새 술에 취했다고 말했습니다. '새 술'
은 성령 충만을 말합니다. 우리 모두 새 술을 받아야 합니다. 성령 충

만을 받아야 합니다. 그리하여 새 방언을 말해야 합니다. 사랑의 언어로 칭찬하고 격려하며 인정하고 서로 높이는 천국의 언어를 말해야 한다는 말입니다. 새 술은 덜 발효된 것으로 독한 술을 말합니다. 영적으로 성령의 충만함을 받아 완전히 새로운 사람이 됨을 의미합니다.

왜 성경에서 술과 성령을 비교할까요? 그 변화된 모습이 비슷하기 때문입니다.

	술 취함	성령 충만
기분	좋아진다	기쁨이 임한다
말	많아진다	복음을 전한다
입술	노래한다	찬양한다
마음	용기가 생긴다	담대해진다

새 술에 취해야 고정 관념을 깰 수 있습니다. 예닮 동산에 다녀오신 분들 중에 은혜를 많이 받고 완전히 고정된 틀을 깨고 성령 충만하게 변화된 모습을 종종 보게 됩니다. 우리는 먼저 새 술을 맛보아야 합니다. 다시 말해 성령의 충만을 받아야 합니다. 그러면 마음의 검은 구름이 사라지고 눈에서 비늘이 벗겨지고 하나님을 보는 믿음이 생길 것입니다. 새 술은 강력한 힘이 있습니다. 성령이 임하면 권능이 임하게 되어 있습니다.

그런즉 누구든지 그리스도 안에 있으면 새로운 피조물이라. 이전 것은 지나갔으니 보라 새 것이 되었도다. (고후 5:17)

　새 술에 취하여 고정 관념을 벗어 버리고 복음의 사람이 됩시다. 성경의 기적이 믿어지고, 천국과 지옥이 믿어지고, 전도의 사명을 실천해야 합니다. 또한 구원의 감격이 넘치고, 만물이 새롭고, 사람마다 사랑스럽고, 인격이 성화되는 놀라운 변화가 일어나야 합니다.

　새 술에 취하면 기쁨을 누리게 됩니다. 옛 사람을 벗어 버립니다. 고정 관념을 바꾸게 됩니다. 이런 바탕 위에 섬기는 교회, 인재를 양성하는 교회, 상식이 통하는 거룩한 빛 광성교회를 이룩합시다. 이렇게 반석 위에 교회를 세우고 5대 비전을 이루어 나아갑시다.

지역 사회 문화 중심
고양 파주 성시 본부
한국 교회 개혁 모델
북한 선교 전초 기지
세계 선교 중심 센터